ŒUVRES

DE

SAINT-SIMON & D'ENFANTIN

PRÉCÉDÉES DE DEUX NOTICES HISTORIQUES

XIXe VOLUME

ŒUVRES

DE

SAINT-SIMON

PUBLIÉES PAR LES MEMBRES DU CONSEIL

INSTITUÉ PAR ENFANTIN

POUR L'EXÉCUTION DE SES DERNIÈRES VOLONTÉS

TROISIÈME VOLUME

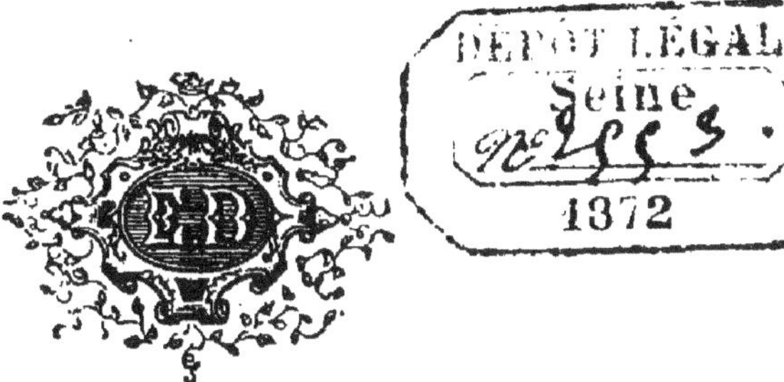

PARIS

E. DENTU, ÉDITEUR

LIBRAIRE DE LA SOCIÉTÉ DES GENS DE LETTRES

PALAIS-ROYAL, 17 ET 19, GALERIE D'ORLÉANS

—

1869

OEUVRES

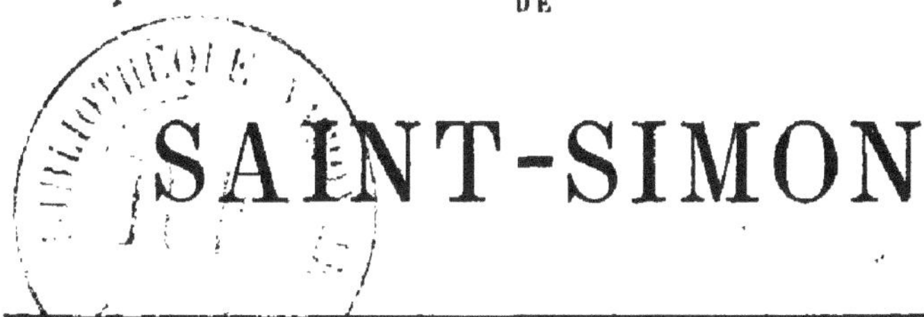

SAINT-SIMON

Suite de 1817

Il n'est pas à notre connaissance que la brochure annoncée par Saint-Simon, sous le titre de la *Morale du* xix*ᵉ siècle*, ait jamais paru; mais il publia, en juillet et août 1817, une série de circulaires relatives à la constitution de l'Industrie.

— Première circulaire. A toutes les personnes occupées de travaux utiles et indépendants.— A toutes celles qui désirent franchement la prospérité de l'industrie, avec l'épigraphe : « *Tout par l'industrie, tout pour elle.* » 3 pages in-4º.

Il engage les savants et les industriels, les théoriciens et les praticiens, à changer en coalition les luttes qui existent entre eux, afin de faire concourir tous les hommes utiles à l'amélioration de leur sort commun. Un *post-scriptum* est ainsi conçu :

P. S. Nous aurons l'honneur de vous faire

parvenir incessamment un premier développement des idées contenues dans cette lettre.

L'entreprise que nous proposons étant d'un intérêt général et commun à tous les peuples, nous vous prions de la faire connaître à vos correspondants ; nous nous empresserons de vous remettre un aussi grand nombre d'exemplaires que vous le jugerez à propos, tant de la présente lettre que des écrits que nous aurons l'honneur de vous envoyer successivement, *et des deux volumes de l'*Industrie *déjà publiés.*

Notre bureau est établi à Paris, rue Richelieu, n° 115.

En même temps Saint-Simon s'occupait à réunir l'argent nécessaire aux publications qu'il annonçait.

— Une SECONDE CIRCULAIRE donne la liste des personnes qui ont souscrit, ce sont :

MM. le duc de La Rochefoucault . 1,000 fr.
Vital Roux. 150
Flory 500
Périer frères 1,000
Perregaux 1,000
Ternaux et fils 300
Gabriel Delessert 200

MM. Hottinguer. . . . .   500 fr.

    D. André et Cottier   300

    La Fayette   200

    Ardouin   300

    C. G. Barillon   300

    Davilliers aîné   300

    Saulty.   300

    Roy.   150

    Guérin de Foncin et Cie . .   300

    Guiton et Cie   100

    Hervé, ancien négociant . .   500

    F. A. Caron.   500

    Chaptal fils.   200

    Vassal   150

    Bartholdi   150

    H. Hentsch Blanc et Cie . .   300

    le duc de Broglie   200

    J.-J. Bérard et fils.   150

    Busonil et Goupy. . . .   150

    Boucherot et Cie   150

— Une autre lettre intitulée aussi SECONDE CIR-
CULAIRE, mais conçue dans des termes différents,
était adressée à *toutes les personnes qui font
profession de cultiver les sciences dont s'occupe la première classe de l'Institut.* Saint-

Simon y reproduisait la liste des souscriptions ci-dessus.

En septembre 1817 parut le *premier cahier du troisième volume* de l'Industrie, 40 pages in-4° imprimées chez J. Smith, rue Montmorency, 16.

Ce premier cahier du t. III est indiqué dans le numéro du 4 octobre 1817, du *Journal de la Librairie.*

Le *second* et le *troisième cahiers* [1] parurent en septembre, et le *quatrième* en octobre.

Ces quatre cahiers furent accompagnés de circulaires distinctes pour les deux classes d'individus auxquelles s'adressait l'ouvrage.

C'est dans le quatrième cahier que Saint-Simon ébauche la question d'une morale terrestre. Sa publication détermina le plus grand nombre des souscripteurs à adresser au ministre de la police la lettre suivante, que nous empruntons au *Journal des Débats* du vendredi 31 octobre 1817.

« Paris, 30 octobre 1817.

» *A Son Excellence monseigneur le Ministre, secrétaire d'État du Roi, au département de la police générale.*

» Monseigneur,

» Il a paru des distributions d'un ouvrage intitulé l'*Industrie* ou *Discussions politiques, morales et philosophiques,* par M. H. Saint-Simon, dans lesquelles nous avons remarqué avec étonnement une liste de *prétendus souscrip-*

1. Ces trois cahiers avaient été, croyons-nous, rédigés par Auguste Comte. (*Note des éditeurs.*)

« *teurs,* ce qui semblerait indiquer que ceux qu'on désigne
« ainsi partagent les opinions publiées par l'auteur et en
« ont encouragé la publication.

» Nous nous empressons de déclarer à Votre Excellence
« qu'aucun de nous n'a eu connaissance de ces écrits avant
» leur publication ; qu'il n'y a eu de notre part aucune sous-
» cription tendant à encourager des ouvrages dont nous
« sommes fort éloignés de partager les principes.

» M. Saint-Simon s'est présenté chez chacun de nous, il y
» a *environ un an,* en nous annonçant qu'il avait l'intention
« de publier des observations sur les progrès du commerce
« et de l'industrie qu'il a fait paraître alors ; sa situation
« pécuniaire ne lui permettant pas d'en faire la dépense,
« nous avons cédé à ses instances réitérées, en exerçant à
» son égard un acte de pure libéralité.

« Nous supplions Votre Excellence de vouloir bien or-
» donner que notre désaveu formel soit consigné dans les
« journaux,

» Nous sommes avec respect, Monseigneur,

» Vos très-humbles et très-obéissants serviteurs.

« *Signé :* Vital-Roux, D. André et François
Cottier, Barillon, Vassal, Hentsch
Blanc et Ce, Hottinguer, Gros-Davil-
liers, Bartoldi, G. Delessert, Guérin
de Foncin et Ce, Périer frères, » etc.

MM. Laffitte (Peregaux) et Ternaux refusèrent de signer
cette ridicule épître, qui montre la timidité des hommes dont
Saint-Simon était réduit à mendier le concours.

Nous allons, en reproduisant le quatrième cahier du tome III,
mettre les lecteurs à même de juger combien était grande
la timidité des signataires de la lettre que nous venons de
transcrire.

L'INDUSTRIE

OU

DISCUSSIONS POLITIQUES

MORALES ET PHILOSOPHIQUES

DANS L'INTÉRÊT DE TOUS LES HOMMES LIVRÉS A DES TRAVAUX
UTILES ET INDÉPENDANTS

PAR

Henri SAINT-SIMON

Tout par l'Industrie; tout pour elle.

TOME II

1817

FAUTE A CORRIGER

DANS LE TOME I DE L'INDUSTRIE.

Page 24, ligne 19, au lieu de : *ennemis,* lisez : *moins ennemis.*

PROGRAMME

DE

TRAVAUX QUI SERONT EMPLOYÉS

DANS L'OUVRAGE QUI A POUR TITRE

L'INDUSTRIE

———

ARTICLE SIXIÈME

CONSIDÉRATIONS A L'APPUI DES IDÉES PRÉSENTÉES DANS LES DEUX ARTICLES PRÉCÉDENTS

———

PREMIÈRE CONSIDÉRATION

SUR LA RÉFORME PARLEMENTAIRE

Il vient de paraître, en Angleterre, un excellent ouvrage de Jérémie Bentham, sur la réforme parlementaire. Les raisonnements par lesquels l'auteur prouve la nécessité, l'urgence de cette réforme, sont tellement solides, qu'ils semblent devoir porter la conviction dans tous les esprits, et devoir déterminer la réunion des vœux de tous les hommes sensés de l'Angleterre, vers l'extirpation radicale des abus énormes dont fourmille le mode de représentation du peuple anglais. Cependant il en sera très-probablement de cet écrit comme de tant d'autres publiés dans le même sens, sur ce sujet éternel de la polémique anglaise : les arguments de Bentham sont excellents, et, malgré cela, la réforme n'aura pas lieu. Pourquoi ? Quels sont les obstacles qui s'opposent à l'amélioration du système représentatif de l'Angleterre ? Que faut-il faire pour lever ces obstacles ? Comme il nous semble que le moyen de rendre possible la réforme du parlement anglais, d'anéantir les objections des hommes qui veulent empêcher cette réforme, consiste précisément dans notre manière de considérer la monarchie représentative, nous croyons utile d'entrer à ce sujet dans quelques développements, heureux si notre travail indique aux patriotes anglais la condition qui leur manque pour obtenir le succès de leurs efforts !

§ I.

Motifs pour la réforme parlementaire.

Il est évident, aux yeux de tout le monde, que
la nation anglaise est mal représentée par la
Chambre des communes ; ou, pour parler plus
exactement, vu la manière dont cette Chambre
est formée, la nation n'est pas représentée du
tout. Non de droit, mais de fait, il se trouve que
le pouvoir exécutif nomme la majorité des membres de la Chambre, et qu'il s'en sert pour donner à l'arbitraire une extension dont il n'oserait
s'aviser sans cet instrument ; de telle sorte que
le système représentatif qui, naturellement, doit
étendre et garantir la liberté, s'est changé actuellement, pour les Anglais, en un moyen de
despotisme. On ne sera pas surpris qu'en Angleterre les intérêts des gouvernés ne soient plus
représentés, si l'on veut bien considérer que le
plus grand nombre des membres de la Chambre
des communes sont élus directement par le
gouvernement lui-même, par des pairs et par les
propriétaires des bourgs pourris (rotten bo-
roughs), c'est-à-dire de bourgs jadis très-peu-
plés, mais qui, maintenant, sont réduits à une

seule propriété, et continuent cependant, par un abus inconcevable, à envoyer le même nombre de députés au parlement. C'est ce qu'on verra par le tableau suivant de la formation de la Chambre des communes, tiré de l'*Histoire des bourgs d'Angleterre*, par OLFIED, édition de 1816, tome IV, page 300.

		Membres des communes.
87 pairs, en Angleterre et Galles, élisent	218	
21 pairs, en Écosse, élisent	31	300
36 pairs, en Irlande, élisent	51	
90 propriétaires de bourgs (bourgs pourris), en Angleterre et Galles, élisent ..	137	
14 propriétaires, en Écosse, élisent	14	171
19 propriétaires, en Irlande, élisent.....	20	
Membres élus par le gouvernement lui-même, comme propriétaire		16
Membres élus par le peuple (seules nominations qui soient indépendantes, mais où le gouvernement exerce encore une grande influence de séduction)		171
TOTAL des membres de la Chambre des communes		658

Un pareil tableau ne prouve-t-il pas, avec la dernière évidence, la nécessité d'une réforme radicale dans le mode de représentation du peuple anglais? Et cet abus, si grave en lui-même, est la source de tous ceux dont fourmille le gouvernement de l'Angleterre; en vain cher-

cherait-on à faire supprimer le *sine cures*, les lois d'exception, l'énormité des impôts, etc. Si la formation de la Chambre des communes a lieu de la même manière, ces abus, expulsés aujourd'hui, reparaîtront demain. C'est dans la composition du parlement qu'est la cause du despotisme et de tout son cortége d'abus ; la réforme parlementaire est donc le véritable remède, le seul qui attaque le mal à sa source. Tout autre serait nécessairement précaire et infructueux.

§ II.

Obstacles à la réforme parlementaire.

Les inconvénients du mode actuel de représentation du peuple anglais, l'utilité et la nécessité d'une réforme parlementaire sont parfaitement démontrés dans l'écrit des patriotes anglais, et surtout dans l'ouvrage de Bentham que nous avons principalement en vue. Il est impossible de se refuser à l'ensemble de ses preuves, dont nous ne venons de donner qu'une légère idée. Comment se fait-il donc que la nation anglaise ne se porte pas avec ardeur vers la réforme parlementaire ?

Que les hommes qui s'engraissent des abus du

gouvernement anglais veuillent empêcher de toutes leurs forces l'extirpation de ces abus, cela se
conçoit aisément ; qu'ils aient jusqu'à un certain point les moyens de s'opposer à une réforme,
en éblouissant les esprits par des déclama-
tions de collége, en usant du pouvoir qui est
entre leurs mains pour écraser leurs adversaires,
en corrompant les uns, effrayant les autres, etc.,
on le conçoit encore; mais, au fait, ces hommes
ne sont pas l'industrie, et c'est pourtant dans
l'industrie que résident, en dernière analyse,
toutes les forces réelles de la société. Si donc
la réforme n'a pas lieu, c'est que l'industrie n'en
veut pas. Et pourquoi ? N'en voit-elle pas la
nécessité ? Cela est impossible : les raisonnements sont trop palpables, les objections sont
trop absurdes. Il y a donc, dans l'état des
choses, quelque obstacle à la réforme du parlement anglais, obstacle qui fait que l'industrie la
redoute, tout en reconnaissant ses avantages.
Cet obstacle, c'est la crainte des révolutions,
crainte raisonnable, crainte fondée, dans l'état
présent des esprits. L'industrie anglaise sent
que, si on laissait se développer l'impulsion réfor-
matrice, elle se porterait non-seulement sur la
constitution de la Chambre des communes, mais

encore sur la royauté. C'est ce que la classe
industrielle de l'Angleterre a vu par l'exemple
récent de la révolution française. Aussi, depuis
le commencement de cette révolution, l'opposition
à la réforme parlementaire a-t-elle été toujours
croissant dans la classe aisée de l'Angleterre,
laquelle, trouvant sa position supportable, bien
qu'elle la juge susceptible d'être améliorée, ne
pense pas que ce qu'elle peut gagner à la réforme
parlementaire balance ce qu'elle peut perdre par
l'effet d'une révolution. Certes, il serait bien
étonnant que le ministère anglais n'eut pas saisi
un prétexte aussi imposant que l'exemple de
notre révolution, pour réduire au silence les
partisans de la réforme parlementaire. Aussi, n'y
a-t-il pas de déclamation qu'il n'ait épuisée sur
ce sujet ; aussi, dans ses discours au parlement,
dans les pamphlets de ses libellistes, dans les
amplifications de ses avocats de toute espèce,
cet exemple revient toujours comme un épouvan-
tail pour intimider les patriotes. Mais, malgré la
nullité de tous les sophismes ministériels, malgré la mauvaise foi de leurs comparaisons et les
vices de leurs déductions, il est cependant vrai de
dire que, dans l'état actuel de l'opinion publique
en Angleterre, une réforme parlementaire amène-

rait le renversement de la royauté, et, par conséquent, une révolution. Or, c'est là ce qui peut
arriver de plus fâcheux ; car, après bien des
malheurs, on en reviendrait au point de départ,
et la royauté se reconstituerait comme cela est
arrivé en France et en Angleterre, parce que
l'époque n'est pas encore venue de se passer de
l'institution royale.

Si donc l'industrie anglaise repousse la réforme parlementaire, on doit l'attribuer à ce
qu'elle sent que cette réforme ne pourrait se
faire actuellement sans ébranler la royauté.

§ III.

Moyen de lever les obstacles qui s'opposent à la réforme parlementaire.

Pour que la réforme parlementaire soit possible, il y a donc une condition indispensable à
remplir, que n'a pas reconnue Bentham : c'est
de faire que la royauté soit constituée dans
l'opinion assez fortement pour qu'il devienne
évident qu'on peut réformer le parlement sans
toucher au trône. Il faut reconnaître que l'institution de la royauté est utile, indispensable à
l'époque présente ; que la monarchie représentative est le régime qui convient le mieux actuel-

lement, comme étant celui qui est nécessaire
pour opérer la transition du régime entièrement
arbitraire qui a existé au régime tout à fait libéral qui existera plus tard.

Que les libéraux anglais se persuadent que la
royauté est aujourd'hui un élément forcé de nos
institutions, élément qui n'en peut disparaître que
dans l'avenir; qu'ils reconnaissent l'impossibilité
de le supprimer, le danger qu'il y aurait à le
tenter ; et qu'en conséquence de cette opinion
bien arrêtée sur la nécessité actuelle du trône,
ils aient la ferme volonté de la maintenir ; alors
il n'y a plus d'obstacle à la réforme parlementaire. L'industrie, ne craignant plus de révolution,
se laissera diriger par la conviction qu'elle a des
avantages de la réforme ; les partisans des abus,
dépouillés de leur dernier argument, seront à
leur tour réduits au silence.

Ainsi, en considérant la monarchie représentative comme un régime transitoire, indispensable à notre époque, on rend possible l'amélioration des institutions dont ce régime se compose ;
laquelle, sans cette manière de voir, ne pourrait
être tentée sans qu'il ne s'ensuivît des révolutions. En résumé, il est impossible aujourd'hui
de supprimer entièrement l'arbitraire ; il faut donc

le constituer pour qu'il soit possible de le limiter. Les patriotes anglais doivent donc s'attacher à produire et à fortifier l'opinion transitoire, à faire considérer le gouvernement parlementaire comme un passage indispensable vers le régime industriel, et la royauté comme un élément nécessaire de ce gouvernement transitoire. Alors l'industrie ne craindra plus les efforts politiques, et secondera les efforts des bons citoyens de l'Angleterre.

DEUXIÈME CONSIDÉRATION

SUR LE PASSAGE DU POLYTHÉISME AU THÉISME.

Ce n'est point aujourd'hui pour la première fois que le genre humain se trouve au moment de la transition d'un régime social à un autre fondé sur un système philosophique différent. Une transition semblable a déjà eu lieu à peu près pendant la durée du gouvernement impérial des Romains. La révolution philosophique qui s'est opérée alors a consisté dans le passage du polythéisme au théisme. Cette révolution une fois terminée, le théisme une fois organisé, il en est résulté une révolution politique correspondante, laquelle a consisté dans le passage de l'ancien ordre social qui existait chez les Grecs et chez les Romains, à celui qui s'est établi chez les peuples modernes.

En méditant sur cette époque de transition, la seule qui nous soit connue, on voit se confirmer cet important principe, indiqué d'avance par la raison, et sans lequel on ne peut rien faire de vraiment grand et utile en politique, savoir : Que tout régime social est une application d'un système philosophique, et que, par conséquent, il est impossible d'instituer un régime nouveau, sans avoir auparavant établi le nouveau système philosophique auquel il doit correspondre. Ici nous voyons que l'ordre social qui a existé chez les Grecs et chez les Romains était une application du polythéisme ; que celui qui lui a succédé, dans l'Europe moderne, était une conséquence du théisme ; et que pour passer de l'un à l'autre, on a commencé par passer du polythéisme au théisme. La révolution philosophique remonte jusqu'à Socrate, et se termine par les travaux d'ensemble des philosophes platoniciens de l'école d'Alexandrie, qui avaient embrassé le christianisme ; la révolution politique commence alors et se termine à l'époque de Charlemagne, où le théisme reçut l'application la plus générale dont il était susceptible, tous les peuples de l'Europe civilisée étant devenus chrétiens par l'influence des conquêtes de Charlemagne.

Cette transition a été bien orageuse. Les maux qu'elle a engendrés peuvent être rapportés à deux causes principales.

D'abord les peuples qui possédaient quelques lumières étaient en minorité par rapport aux peuples tout à fait barbares : et même parmi les peuples éclairés, la classe qui était au courant des connaissances acquises se composait d'un très-petit nombre d'individus ; la masse des hommes était d'une ignorance grossière. Dès lors il fut impossible de s'opposer aux terribles invasions des barbares du Nord, qui vinrent fondre sur l'Occident au moment de la transition, au moment où la lutte des deux systèmes portait la confusion dans les idées, l'anarchie dans la société.

En second lieu, la nature même des deux systèmes en présence s'opposait essentiellement à ce que la transition fût possible. L'un et l'autre, en effet, étaient trop absolus, trop raides, pour qu'il fût possible de ménager un passage insensible entre les deux. Il fallait embrasser tout à fait ou le polythéisme ou le théisme ; adopter l'un des deux systèmes sans abjurer entièrement l'autre était une chose impossible, on ne voyait point de milieu, et, en effet, il n'y en avait pas. Ainsi, quand même un homme de génie aurait pu concevoir alors un plan pour opérer graduellement la transition, il aurait été chimérique de songer à l'exécuter.

La transition qui s'opère actuellement se compose, comme la précédente, de deux autres: l'une philosophique, l'autre politique. La première consiste dans le passage du système théologique au système terrestre et positif ; la seconde, dans le passage du régime arbitraire au régime libéral et industriel.

La révolution philosophique a déjà commencé depuis bien longtemps ; car on doit en rapporter l'origine à la culture des sciences positives, introduite en Europe par les Arabes, il y a plus de dix siècles. Pour compléter cette révolution, il ne nous reste qu'une chose à faire : ce sont les travaux d'ensemble, nécessaires pour organiser le système positif, dont les éléments existent isolés.

La transition sous le rapport politique peut être regardée comme datant de la réformation de Luther. Quoiqu'elle ait été bien moins funeste que la transition du polythéisme au théisme , cependant elle a produit jusqu'ici de grands malheurs ; elle a été le principe de la guerre de Trente Ans, des deux révolutions de l'Angleterre au dix-septième siècle , et de la révolution française.

Mais pourquoi toutes ces calamités ? Parce que jusqu'à présent on n'a jamais su où on en était de la civilisation, d'où il est résulté qu'on a voulu toujours au delà de ce qui était possible ; parce que, en un mot, on n'a jamais reconnu que l'on se trouvait à une époque de transition.

Aujourd'hui, nous sommes en état de le voir; et cela suffit pour nous garantir désormais des catastrophes ; car, en fait de calamité politique, il n'y a de réelles que celles qui sont imprévues ; les hommes assez sages pour prévoir le mal sont capables de s'en préserver. Ayant reconnu que nous sommes à une époque de transition, nous nous faisons un plan pour qu'elle s'opère de la manière à la fois la plus prompte, la plus facile et la plus paisible ; par là, nous coupons court à tous les maux. Le passage du polythéisme au théisme n'a été si funeste que parce qu'il n'a pas été dirigé d'après un plan, parce que la

nature des choses s'opposait à ce qu'il le fût.
Aujourd'hui, les progrès de l'esprit humain nous
ont mis à même de bien voir où nous en sommes,
où nous tendons ; et, par suite, de diriger notre
marche de la manière la plus avantageuse. Voilà la
grande supériorité de l'époque actuelle sur la première époque de transition. Elle consiste en ce
qu'il nous est possible de savoir ce que nous faisons ; et c'est là, dans toutes les époques de la
société, la chose la plus difficile. Ayant la conscience de notre état, nous avons celle de ce qu'il
nous convient de faire. Nous voyons que nous
sommes arrivés à la dernière période de la transition ; qu'il ne nous reste plus que des travaux
philosophiques à exécuter, pour que le régime
libéral se constitue ; mais nous voyons aussi que
jusqu'à ce que ces travaux soient complets, et
que leurs résultats soient adoptés, il doit s'écou-
ler beaucoup de temps. Pendant cet intervalle,
ce serait folie que de chercher à établir le régime
industriel ; il nous faut donc un régime transitoire, et ce régime, [c'est la monarchie représentative ; celui-là seul est susceptible de nous
amener paisiblement au nouvel ordre social.

Nota. Aujourd'hui les choses en sont au
point, en Angleterre et en France, où la royauté

ne peut plus avoir d'existence assurée que par la
volonté des partisans du régime purement industriel. Il n'est nullement de l'intérêt des rois
de s'appuyer sur les partisans des vieilles institutions ; la civilisation est progressive et non pas
rétrograde ; la stabilité des trônes ne peut donc
avoir de garantie réelle que dans la volonté des
hommes qui veulent avancer, et non dans celle
des hommes qui veulent reculer. Mais la volonté
des libéraux, en faveur du maintien de la royauté,
ne peut exister que par l'effet de leur conviction
que cette institution leur est utile pour préparer
l'établissement complet du régime qu'ils désirent.
Or, cette utilité est bien réelle : tant que les partisans du régime purement industriel ne la sentiront pas, tant qu'ils ne voudront pas fermement
le maintien de la royauté, l'état des choses restera précaire, et il y aura, dans tous les partis,
un malaise politique général. Nous sommes
donc persuadés que les travaux les plus utiles
auxquels les publicistes puissent actuellement se
livrer sont ceux qui mettront à la portée du plus
grand nombre de personnes libérales la démonstration de l'utilité présente de la royauté. C'est là,
selon nous, une chose capitale à faire ; car, dès
ce moment, ce ne sera plus le gouvernement

qui tolérera les libéraux, ce seront, au contraire, les libéraux qui protégeront le gouvernement. Alors, seulement alors, la société sera dirigée dans le sens de la marche de la civilisation. Ce changement de rôle, entre les dirigeants et les dirigés, est de la plus grande importance ; car le nouvel ordre de choses ne se trouvera avoir réellement le dessus sur l'ancien, qu'à l'époque où le gouvernement existant aura pour appui principal la volonté de ceux qui travaillent à établir le régime industriel. Cette protection est une manière polie de commander. Tant que les gouvernants protégent les savants (de théorie et d'application), on reste dans le régime ancien ; mais du moment que les savants protégent les gouvernants, on commence réellement le régime nouveau.

L'époque de la transition du polythéisme au théisme nous prouve combien ce changement de rôle est important. Dès que les premiers chrétiens eurent établi la maxime : *Rendez à César ce qui appartient à César*, la lutte cessa entre eux et les gouvernants, et, dès ce moment, ils eurent le dessus. Une fois qu'ils eurent posé ce principe, ils devinrent les protecteurs du gouvernement, et par conséquent ils dominèrent.

TROISIÈME CONSIDÉRATION

SUR LA MORALE.

INTRODUCTION.

Dans tous les temps et chez tous les peuples on trouve, entre les institutions sociales et les idées morales, une correspondance constante, d'après laquelle on ne peut douter qu'il n'existe, entre la morale et la politique, une liaison de causalité. Et, en effet, la politique est une conséquence de la morale. Celle-ci consiste dans la connaissance des règles qui doivent présider aux rapports entre l'individu et la société, pour que l'un et l'autre soient le plus heureux qu'il est possible. Or, la politique n'est autre chose que la science de celles d'entre ces règles qui sont assez importantes pour qu'il soit utile de les organiser , et en même temps assez claires, assez universellement adoptées, pour que l'organisation en soit possible. Ainsi, la politique dérive de la morale, et les institutions d'un peuple ne sont que les conséquences de ses idées.

Si cela est, comme on n'en peut douter, il importe à la question que nous traitons de jeter un coup d'œil sur l'état actuel de la morale, sur le caractère qu'elle doit avoir à présent, sur les perfectionnements qu'il est possible d'y apporter aujourd'hui. Nous avons cherché à établir dans les articles précédents, que notre politique actuelle doit être essentiellement transitoire ; que ce n'est pas à nous qu'il est réservé d'instituer le régime industriel ; mais que nous devons en préparer l'établissement par de grands travaux philosophiques, dont nous avons indiqué plus haut la nature et la nécessité ; et, en conséquence, que jusqu'au moment où ces travaux seront complétement terminés, et leurs résultats généralement adoptés, le seul régime qui nous convienne, c'est la monarchie représentative. Mais combien ces idées seront fortifiées, si nous reconnaissons que notre morale elle-même ne peut être que transitoire ! Cela étant établi, on ne peut plus douter que la politique, dérivant de la morale, ne doive par conséquent être transitoire aussi.

C'est pourquoi nous croyons utile de présenter les considérations suivantes sur la morale, comme étant à l'appui des idées que nous avons émises dans les articles précédents, sur la nécessité d'un régime transitoire.

§ I.

Il n'y a point de société possible sans idées
morales communes. La morale faisant connaître
les moyens de bonheur que fournissent à l'homme
les relations avec ses semblables est le lien nécessaire de la société ; car, à moins que la force
ne s'en mêle, il ne peut y avoir, entre les hommes,
d'association durable si chacun d'eux ne pense
que l'association lui est utile. L'origine de la
morale se confond donc nécessairement avec
celle de la société ; aussi, l'une ne nous est pas
plus connue que l'autre. Nous voyons seulement
qu'il n'y a pas de peuplade, si grossière qu'elle
soit, chez laquelle on ne trouve quelques idées
morales.

La plus ancienne époque sur laquelle nous
ayons des notions dont l'exactitude soit suffisamment probable est celle des républiques
grecques. L'état de la morale, chez ces peuples,
est le premier que nous connaissions avec quelque détail. On avait fait quelques pas ; mais la morale était encore bien imparfaite. Elle était assez
avancée pour maintenir la paix et la charité
entre les hommes d'une même peuplade, mais

son empire ne s'étendait pas plus loin. Tout ce qui portait le nom d'étranger, c'est-à-dire tout homme qui ne faisait point partie de la peuplade, était regardé comme ennemi, et traité en conséquence ; et, sous ce rapport, ces Grecs, tant admirés dans les colléges, n'étaient guère plus civilisés que les tribus sauvages du nord-ouest de l'Amérique. En outre, d'un bourg à l'autre on changeait de divinités, et cette multitude de dieux nationaux qui se querellaient avec autant d'animosité que les hommes s'opposait essentiellement à l'union des individus. Comme si ce n'était pas assez de tout cela pour perpétuer la discorde, il arriva aussi que, dans la même peuplade, les philosophes enseignèrent chacun des principes de morale tout différents.

Dans cet état de la morale, ce qu'il y avait de plus urgent à faire pour la perfectionner, c'était de détruire le polythéisme, et de remplacer toutes les idées surnaturelles particulières par une seule croyance générale, dans laquelle tous les hommes pussent s'accorder. C'est ce que conçut Socrate, et cette entreprise, continuée par ses successeurs, fut terminée par l'établissement du christianisme. La religion chrétienne fit faire ainsi un grand pas à la civilisation, en réunissant tous les hommes par la croyance d'un seul Dieu, et par le dogme de la fraternité universelle. Par ce moyen, il fut possible d'organiser une société plus vaste, et de réunir tous les peuples en une famille commune.

Depuis le perfectionnement apporté par le christianisme dans la morale, cette science n'a pas fait de pas très-important, et elle est restée, pendant dix-huit siècles, dans un état presque absolu de stagnation.

§ II.

Quels sont les grands pas que la morale doit faire encore pour atteindre complétement son but, qui est le plus grand bonheur possible de l'espèce humaine? Voilà ce que nous devons examiner d'abord ; il nous sera ensuite plus facile de reconnaître ce qu'il est possible d'entreprendre aujourd'hui pour l'avancement de la morale.

Il reste deux choses capitales à faire en morale : remplir les lacunes qu'elle présente et lui donner de nouvelles bases.

Les idées morales laissent encore deux grandes lacunes : l'une par rapport aux devoirs réci-

proques des gouvernants et des gouvernés,
l'autre qui se rapporte aux relations de peuple à
peuple.

Pour ce qui concerne le premier objet, il est
bien passé en maxime générale que les gouvernants doivent travailler pour le bonheur des
gouvernés; mais un principe n'est pas une
science : un axiome aussi vague ne suffit point
pour tracer les devoirs de l'homme public, car
quelque chose que fasse un administrateur, il se
persuade toujours très-facilement qu'il opère
dans l'intérêt de ses administrés. Et si l'on pré-
tendait qu'il suffit de ce principe pour constituer
la science des obligations qu'impose la qualité
d'homme public, autant vaudrait soutenir que la
morale est toute faite dès qu'on a établi qu'elle
doit avoir pour but le bonheur des hommes.
D'ailleurs, il est clair que les devoirs des gouvernants ne peuvent être soumis à aucune règle
morale, tant que le gouvernement est considéré
comme devant diriger la société. Entre l'homme
qui dirige et l'homme qui est dirigé, quelle morale peut-il y avoir ? L'un doit commander, l'autre
doit obéir, voilà tout. Ainsi, il ne sera possible
de remplir cette lacune de la morale, que lorsque
les hommes en seront venus à considérer le gou-

vernement non comme le directeur, mais comme l'agent, le chargé d'affaires de la société ; lorsque les limites de ses fonctions seront clairement reconnues , lorsqu'il aura été établi que les gouvernements doivent uniquement s'attacher à garantir les travailleurs de l'action improductive des fainéants, à maintenir sécurité et liberté dans la production.

En second lieu, il faut établir, sur des bases plus raisonnables, plus amicales, les relations entre les peuples. Les nations en sont encore à se considérer comme nécessairement ennemies sous beaucoup de rapports ; chacune s'imagine qu'elle ne peut prospérer que par le malheur des autres. Les haines nationales ont été grandement affaiblies par l'influence du christianisme, mais elles n'ont pas encore radicalement disparu; les prohibitions des produits étrangers, les guerres pour détruire le commerce d'un peuple , etc., sont autant de preuves funestes de l'existence de ces haines, de l'urgence dont il est de prouver à tous les peuples que leurs intérêts sont communs, et qu'ils doivent se traiter en frères. Or, comme nous l'avons dit dans notre deuxième article, ce perfectionnement de la morale ne peut avoir lieu que par l'influence des

idées industrielles, des véritables principes éco-
nomiques.

Enfin, il reste à faire en morale un travail encore plus considérable, plus important que les
deux travaux dont nous venons de donner l'idée ;
car il faut refondre tout le système des idées morales ; il faut l'asseoir sur de nouvelles bases ; en
un mot, il faut passer de la morale céleste à la
morale terrestre. Sans discuter ici les inconvénients qu'on trouve à fonder la morale sur la
théologie, il suffit d'observer que, de fait, les
idées surnaturelles sont détruites presque partout ; qu'elles continueront à perdre chaque jour de
leur empire, et que l'espoir du paradis et la
crainte de l'enfer ne peuvent plus servir de base
à la conduite des hommes. L'esprit humain a
marché depuis l'établissement de la morale chrétienne ; et par l'effet de ses progrès il se trouve que
le temps de la théologie est passé sans retour,
et que ce serait folie de vouloir continuer à fonder la morale sur des préjugés dont le ridicule
fait tous les jours justice. Les théogonies ont
eu leur part, et désormais elles ne peuvent plus
servir à rien. Le christianisme a fait faire un
grand pas à la morale ; il serait injuste et absurde de le nier ; mais on doit reconnaître **avec**

la même bonne foi que son règne est fini et que
le temps pendant lequel il a été utile est déjà loin
de nous. L'ère des idées positives commence :
on ne peut plus donner à la morale d'autres motifs que des intérêts palpables, certains et pré-
sents. Tel est l'esprit du siècle et tel sera, pour
jamais, de plus en plus, l'esprit des générations
futures. Voilà le grand pas que va faire la civilisation ; il consistera dans l'établissement de la
morale terrestre et positive.

§ III.

Mais un aussi grand travail que celui de changer tout à fait de système de morale n'est pas
l'ouvrage d'un seul jour. Il nous est bien facile
de reconnaître que ce n'est pas à notre génération qu'il est réservé de vivre sous l'influence
du nouveau système ; car ce système n'est point
encore organisé, il n'est pas même conçu et encore moins adopté. Le travail de l'espèce, pour
le produire, peut être regardé comme ayant commencé par la réformation de Luther. Chez les
peuples qui ont embrassé la réforme, l'enseignement de la morale se fait d'après des principes
plus positifs. Chez les autres, les institutions

morales sont restées soumises à tout l'ancien empire de la théologie ; mais, néanmoins, les progrès de l'esprit humain y ont amené de même la chute des vieilles idées et la tendance vers les idées positives. Pour passer au nouveau système, il reste à faire les travaux philosophiques nécessaires pour revoir toutes les idées, pour les asseoir sur les principes de l'industrie, pour rapporter toute la morale à la production, comme on y rapportera la politique.

Nous devons donc nous regarder comme placés à l'époque du passage de la morale théologique à la morale industrielle; nous sommes à la dernière période de la transition, à celle où doivent se faire les travaux d'ensemble indispensables pour terminer l'entreprise commencée par Luther. Voilà le rôle qui nous convient, celui qui nous est assigné par la marche de la civilisation. Nous devons faire les nouvelles idées morales ; mais devons-nous faire les nouvelles institutions morales ? Il est évident que non, par la raison toute simple qu'il faut attendre que les idées soient faites pour songer à les organiser. Ainsi, ce serait folie que de vouloir supprimer actuellement les institutions morales qui subsistent encore, c'est-à-dire les institutions religieuses. On l'a tenté dans notre révolution ; mais aussi qu'est-il arrivé ? Que ces institutions se sont reconstituées, et qu'après beaucoup de malheurs, on en est revenu au point de départ. Il en est du sacerdoce exactement comme de la royauté : l'anéantir est impossible encore ; c'est une œuvre destinée à nos descendants, et qui s'accomplira paisiblement, d'elle-même, si nous sommes assez sages pour nous conformer à la marche de l'esprit humain et pour ne pas vouloir sauter par-dessus une génération.

Mais le sacerdoce comme la royauté peut être amélioré, s'il ne peut pas être supprimé ; nous pouvons aider la transition dans les institutions morales, comme dans les institutions politiques, si nous ne pouvons pas la brusquer. Il est impossible de remplacer tout à coup l'enseignement théologique de la morale par l'enseignement industriel ; mais il est très-possible de faciliter le passage de l'un à l'autre. Comment cela peut-il se faire ? Par quel moyen, sans supprimer le sacerdoce, peut-on faire qu'il enseigne la morale d'après des principes plus positifs ? Le moyen, le voici : c'est d'obtenir de notre parlement une loi en vertu de laquelle :

« Nul ne pourra être ordonné prêtre s'il n'a

» prouvé, par un examen préalable, qu'il est au
» courant des principales connaissances ac-
» quises dans les sciences positives, c'est-à-
» dire qu'il possède les éléments des mathéma-
» tiques pures et appliquées, de la physique, de
» la chimie et de la physiologie. »

Faites qu'une pareille disposition soit adoptée, et, dès lors, les instructions sacerdotales prendront forcément un caractère positif; le prêtre cessera à peu près d'être théologien, pour devenir presque philosophe. Or, ce moyen est très-praticable; il ne fait pas la moindre violence aux institutions religieuses, il ne doit éprouver d'elles aucune opposition. On se borne à demander que les prêtres actuels soient au niveau de leur siècle comme l'étaient leurs confrères du moyen âge. Peut-on craindre que le clergé veuille s'obstiner à n'avoir pour membres que des idiots?

Que l'opinion publique se prononce en faveur du moyen transitoire que nous venons de proposer, et bientôt le parlement en fera une obligation à laquelle les prêtres ne se refuseront pas.

Nota. — Nous terminons ici la première partie du troisième volume ; la seconde se composera de considérations à l'appui des idées exposées jusqu'ici. Les idées que nous avons à présenter maintenant appartiennent, selon le plan que nous avons conçu, au volume quatrième. Ceci soit dit, pour que le public ne s'étonne pas de voir commencer le quatrième volume avant que la seconde partie du troisième soit mise au jour.

Non-seulement Saint-Simon commençait le tome IV avant d'avoir terminé le tome III, mais il publia le tome IV dans deux formats différents :

— L'INDUSTRIE, t. IV, *première partie*, *premier cahier;* 19 pages in-4°, de l'imprimerie de J. Smith, rue Montmorency, 16.

Ce cahier parut en octobre 1817.

1818

— L'INDUSTRIE, t. IV, *premier cahier*, 160 pages in-8°, de l'imprimerie d'Abel Lanoë. L'épigraphe : « *Tout par l'industrie, tout pour elle,* » s'y trouve comme sur les trois premiers volumes. Paris, chez Verdière, libraire, quai des Augustins, n° 27.

Le *Journal général de France,* dans son numéro du 13 mai

1818, donne une Lettre de Saint-Simon qui prouve que ce volume parut à la fin de mai; elle est ainsi conçue :

A monsieur le rédacteur du Journal général de France.

Paris, le 12 mai 1818.

MONSIEUR,

Je suis occupé d'un travail qui a pour objet de développer les idées suivantes. Comme il m'importe d'en prendre date, afin que la propriété ne puisse m'en être contestée, je vous prie de vouloir bien l'insérer dans votre plus prochain numéro.

J'ai l'honneur d'être, etc.

SAINT-SIMON.

1° La loi qui constitue la propriété est la plus importante de toutes; c'est celle qui sert de base à l'édifice social. La loi qui établit la division des pouvoirs, et qui en règle l'exercice, n'est qu'une loi secondaire.

2° La propriété doit être constituée d'une manière telle que le possesseur soit stimulé à la rendre productive le plus qu'il est possible.

3° Le législateur doit charger ceux qui, par leurs travaux, rendent les propriétés productives, de payer l'impôt qu'elles supportent, afin de les faire jouir des droits politiques dont la loi des élections investit ceux qui acquittent les impôts directs, afin de stimuler les propriétaires à faire valoir eux-mêmes leurs capitaux.

4° Les impôts mis sur les produits des fabriques et du commerce sont acquittés par les personnes qui font valoir les capitaux employés dans ces directions industrielles, et point par les propriétaires de ces capitaux; la même mesure devrait être adoptée pour l'industrie agricole; ce serait le cultivateur qui devrait être chargé d'acquitter l'impôt auquel est assujettie la terre qu'il fait valoir.

5° Quand les Français voulurent changer la forme de leur gouvernement, ils auraient dû commencer par adopter la constitution anglaise, puisque cette constitution était le dernier pas de l'esprit humain en politique; ils auraient dû ensuite travailler au perfectionnement de cette organisation sociale qui, ayant été conçue il y a cent cinquante ans, est maintenant en arrière des connaissances acquises depuis cette époque.

6° La disposition de la constitution anglaise

la plus populaire est celle qui investit la chambre des communes du droit exclusif de voter l'impôt ; le perfectionnement à faire à la constitution anglaise consiste à composer la chambre des communes de députés intéressés à mettre le plus d'économie possible dans les dépenses publiques, ce qui ne peut avoir lieu qu'en composant le corps électoral de personnes qui n'ont point d'appointements du gouvernement et qui n'ambitionnent point d'en obtenir, conditions qui ne peuvent être remplies que par les industriels.

7° La loi des élections en France est un perfectionnement imparfait, fait à la constitution anglaise. Faire payer l'impôt territorial par les cultivateurs, ce serait compléter la loi des élections, ce serait rendre la constitution des Français très-supérieure à celle des Anglais [1].

Le *Journal général de France* (numéro du 14 juin 1818) renferme un article sur le IVᵉ volume de l'INDUSTRIE, publié dans le format in-8°, ce qui montre que ce volume parut à la

---

1. Cet extrait du *Journal général de France* avait déjà été réimprimé par Olinde Rodrigues, dans la *seconde livraison* de son édition des *Œuvres* de Saint-Simon, pages 248 à 250 ; in-8°, Paris, 1832.

fin de mai ou au commencement de juin 1818. Nous allons donner le tome IV complet, en intitulant *Première partie* ce qui en parut dans le format in-4°, en 1817, et *Seconde partie* le volume in-8° paru en 1818.

PREMIÈRE PARTIE

—

ARTICLE I

COMPARAISON ENTRE L'ÉTAT POLITIQUE DE L'INDUSTRIE EN FRANCE ET L'ÉTAT POLITIQUE DE L'INDUSTRIE EN ANGLE-TERRE.

—

INTRODUCTION

L'*Industrie* est une; tous ses membres sont unis par les intérêts généraux de la production, par le besoin qu'ils ont tous de sécurité dans les travaux et de liberté dans les échanges. Les producteurs de toutes les classes, de tous les pays, sont donc essentiellement amis; rien ne s'oppose à ce qu'ils s'unissent, et la coalition de leurs efforts nous paraît, ainsi que nous l'avons montré dans les articles précédents, la condition indispensable pour que l'industrie obtienne tout l'ascendant dont elle peut et doit jouir. Mais si tous les industriels ont les mêmes intérêts, tous n'ont pas les mêmes moyens. Chaque genre d'industrie donne, à ceux qui l'exercent, des forces particulières. De même, les industriels de chaque pays se trouvent dans telle ou telle position plus ou moins favorable aux intérêts de l'industrie, selon le gouvernement sous lequel ils vivent. L'industrie a partout la même marche; mais, suivant les circonstances où elle s'est trouvée dans tel ou tel pays, elle a pris un caractère politique particulier, elle a obtenu telle ou telle influence dans la direction des affaires publiques: or, il nous semble que ces différences dans l'état politique de l'industrie chez les différents peuples, loin d'être un obstacle à l'union des industries nationales, sont, au contraire, pour elles, un motif nouveau de se coaliser, parce que ces diverses forces politiques de l'industrie, loin d'être essentiellement opposées, peuvent, au contraire, se combiner avec avantage pour atteindre le but d'utilité commune. C'est ce que nous allons établir en comparant l'état politique de l'industrie anglaise avec celui de l'industrie française; lesquelles sont incontestablement les deux industries les plus considérables, celles qu'il importe le plus d'unir, parce que la coalisation de leurs efforts suffit pour exécuter tout ce qui est néces-

saire à l'établissement complet et général du régime industriel.

§ I.

État politique de l'industrie anglaise.

Depuis très-longtemps, l'industrie joue un rôle
politique en Angleterre, mais elle n'a obtenu une
part franche, positive et assurée dans l'administration de la chose publique, qu'à l'époque et par
l'effet de la révolution de 1688. Or, à cette époque,
la féodalité et la théologie avaient encore un grand
empire. L'industrie, ayant constitué son pouvoir
politique dans un tel état de choses, a donc forcément dû se ressentir de cette influence anti-in-
dustrielle; aussi s'est-elle trouvée en subalterne
dans tout ce qui touche aux grandes combinaisons
politiques. Deux des trois parties du parlement
anglais sont essentiellement féodales; la chambre des communes seule agit dans un esprit industriel; et ces deux parties féodales sont deux
pouvoirs distincts non-seulement dans la charte
et par les formes, mais encore par le fait et dans
l'opinion. Les pairs, en Angleterre, jouissent
d'une force particulière; tous ont de grandes possessions territoriales, des priviléges, des vas-

saux; ainsi, chacun d'eux exerce sur la chambre industrielle une action très-distincte de l'action royale, mais qui n'est pas moins opposée qu'elle aux intérêts, à la marche de l'industrie. L'industrie est donc en minorité dans le parlement anglais ; elle a toujours deux pouvoirs à combattre, et, par conséquent, elle est toujours dominée par eux dans les grandes mesures qui agissent sur la masse de la nation. Elle ne peut rien changer au plan politique général arrêté par le pouvoir royal et par le corps aristocratique. En un mot, elle n'a point de part aux combinaisons qui se rapportent aux relations extérieures ; dans tout cela, c'est l'esprit féodal qui domine. Aussi a-t-on vu que, jusqu'à présent, la politique extérieure de l'Angleterre n'a nullement été dirigée dans les intérêts de l'industrie. L'esprit qui a présidé à cette politique, c'est la manie des conquêtes, la passion de dominer; or, c'est là ce qui caractérise essentiellement la féodalité. L'esprit féodal est tout à fait guerrier ; l'esprit industriel est nécessairement pacifique. L'Angleterre, à l'égard des puissances du continent, s'est toujours montrée comme organisée pour la guerre, preuve certaine que ce n'est point l'industrie qui dirige la politique extérieure, et que la féodalité y préside exclusivement. Aussi a-t-on vu, dans les occasions les plus importantes, dans la lutte avec les colonies américaines, dans la guerre avec la France, que le vœu de l'industrie était contre ces mesures ruineuses ; que c'était malgré l'industrie, malgré ses intentions exprimées par la chambre des communes, que la plupart des guerres avaient lieu. On voit donc, par le fait, que l'industrie anglaise ne dirige pas la politique extérieure du gouvernement anglais ; qu'elle ne préside point aux grandes mesures où l'on dispose de la masse de la nation, et que, dans les grandes combinaisons sociales, c'est la féodalité qui domine. Ce fait ainsi établi *à posteriori,* nous en avons donné la raison, *à priori,* dans les circonstances sous l'influence desquelles l'industrie anglaise a pris son caractère politique, influence qui fait que la féodalité se trouve en majorité dans le parlement anglais.

Mais si tel est l'état des choses, quelle est donc la force politique de l'industrie en Angleterre ? Quelle part s'est-elle faite ? Sa part, la voici :

La constitution anglaise a concédé à l'industrie le droit de voter l'impôt, la liberté des personnes et des pensées, le maintien des propriétés.

Ces droits, que la charte garantit, l'industrie se les est assurés de la manière la plus complète, et la féodalité ne peut point y toucher. Pour tout ce qui concerne l'administration intérieure, un citoyen anglais est vraiment un homme libre; il ne craint aucune atteinte pour sa propriété, il peut émettre sa pensée au grand jour avec une parfaite franchise; il dispose de ses facultés avec une pleine liberté. Il n'a point à redouter une arrestation illégale, une spoliation inique. Ces droits précieux que l'industrie a conquis en Angleterre, elle les défend contre toutes les usurpations, parce que tous les producteurs savent s'entendre, parce qu'une injustice qui porte sur l'un d'entre eux est ressentie et repoussée par tout le corps de la nation, par toute la classe industrielle.

Ainsi, l'industrie anglaise a tiré tout le parti possible de la position où la force des circonstances l'a placée; obligée de se resserrer dans un cercle étroit, elle s'est acquis tous les avantages auxquels elle pouvait atteindre. Elle a contracté d'excellentes habitudes nationales qui lui garantissent pour jamais a possession de ce qu'elle a su obtenir, et c'est en vertu de ces habitudes intérieures que l'industrie a prospéré en Angleterre, beaucoup plus que chez les autres nations, quelque contraire qu'ait été la politique extérieure du gouvernement anglais aux intérêts de l'industrie.

En résumé, on voit que l'industrie anglaise n'a point pu empêcher l'action de la féodalité, relative à la masse, mais qu'elle s'est parfaitement garantie contre l'arbitraire qui pèse sur les individus.

§ II.

État politique de l'industrie française.

L'industrie française se trouve dans une position toute différente. Elle vient de se constituer à une époque où la féodalité est anéantie. Dès lors c'est elle qui a le dessus dans toute l'administration des affaires publiques. La chambre des pairs n'est nullement féodale ; elle n'est aristocratique que de nom et dans la charte, mais point du tout par le fait et dans l'opinion. Les pairs de France n'ont ni grands domaines territoriaux, ni priviléges de féodalité, ni vassaux. Il ne reste plus rien de féodal que la royauté, et, par le fait, il y a réellement deux chambres industrielles, c'est-à-dire deux chambres qui pensent et qui agissent dans le sens des intérêts de l'industrie. Les membres de la chambre dite aristocratique n'ont d'autre intérêt que ceux-là ; ils ne sont point un pouvoir distinct ; ils sont, à proprement parler, une extension du corps qui représente l'industrie. On peut bien les considérer, sous un certain point de vue, comme une extension du pouvoir royal, car ils en dépendent, pour la plupart, quant à leurs moyens d'existence ; mais ce n'est là qu'un effet momentané, d'ailleurs peu considérable. Quand bien même il serait vrai qu'un pair qui reçoit les faveurs de la cour votera toujours dans le même sens que la royauté, il est clair que si ces faveurs sont ôtées, il votera dans le sens industriel ; tandis qu'en Angleterre, un pair disgracié ne vote point nécessairement dans les intérêts de l'industrie, parce que, comme pair, il a des intérêts anti-industriels tout à fait indépendants de ceux qu'il peut avoir en qualité de courtisan.

Ainsi l'industrie française se trouve, par l'influence de l'époque où elle a pris sa part dans le gouvernement, jouer un rôle politique plus élevé que celui de l'industrie anglaise. L'industrie, en France, n'a de lutte à soutenir que contre un seul pouvoir ; car, en considérant même la chambre des pairs comme une extension du pouvoir

royal, tandis qu'elle est bien plutôt une extension
du pouvoir industriel, il serait toujours vrai de
dire qu'il n'y a en France que deux pouvoirs politiques distincts, celui de la royauté et celui de
l'industrie. Par là, il se trouve que l'industrie
française prend une part active dans les hautes
combinaisons sociales, qu'elle jouit d'une influence directe sur le plan politique général, sur
celui qui règle les relations extérieures, et qu'une
guerre désastreuse ne peut être entreprise contre
sa volonté.

Elle est donc placée dans une position politique plus favorable que celle de l'industrie anglaise. Mais cette supériorité est bien compensée
par les avantages qui lui manquent, et que l'industrie anglaise possède à un très-haut degré.

L'industrie n'est point constituée en France
depuis assez longtemps pour qu'elle ait pu con-
tracter encore de bonnes habitudes nationales.
Elle n'a point cet esprit public, ce sentiment de
la communauté d'intérêt, qui domine en Angleterre, et qui, à moins d'être produit momentané-
ment par un excès d'enthousiasme, ne peut pro-
venir que du temps. Chaque Français tient à sa
liberté, au maintien de ses propriétés ; mais nous
n'avons pas encore un sentiment de nos droits

aussi fort, aussi net, que celui qui existe dans le moindre citoyen anglais. Nous ne savons point encore lier assez intimement l'intérêt individuel avec l'intérêt de tous. En France, un acte arbitraire n'est ressenti que par celui qui en est frappé ; la masse n'imagine pas qu'il lui importe de le repousser ; et même celui qui est victime d'un acte arbitraire s'y résigne paisiblement, sauf à s'en plaindre ensuite, lorsqu'il aura déjà éprouvé les plus grandes vexations [1].

1. En France, chacun dit bien qu'il ne faut obéir qu'aux lois, mais cependant personne ne songe à opposer la moindre résistance au plus petit agent de l'autorité qui vient exécuter un acte illégal. Nous n'avons pas encore cet esprit d'indépendance qui caractérise les Anglais. Chez nous, l'indépendance n'est qu'un principe ; chez les Anglais, elle est action ; et cette indépendance, ils la portent partout; en tous pays, ils sont prêts à résister à tout ce qui n'émane pas de la loi. Parmi les nombreux exemples qu'on en pourrait citer, nous nous contenterons de rapporter l'anecdote suivante qui a eu lieu en France tout récemment.

« Peu de temps avant le 20 mars, un Anglais achète l'hôtel de Noailles. A l'arrivée de Bonaparte, comme il n'avait encore payé qu'un à-compte, l'Administration se mit en devoir d'exécuter le décret impérial concernant les biens des émigrés et d'expulser l'acquéreur.

» A l'ordre de quitter les lieux, qui lui fut intimé par un huissier, l'Anglais ne répondit autre chose, sinon qu'il était chez lui, que l'acte civil qui le faisait propriétaire ne pouvait être annulé que par un autre acte civil; que telle était la loi.

» Le lendemain, un autre huissier se présente; même ré-

En résumant tout ce que nous venons de dire sur l'industrie française, nous voyons que, par l'effet de l'époque où elle s'est constituée dans le gouvernement, elle se trouve dans une position politique plus favorable que celle de l'industrie anglaise, mais qu'elle n'a point encore tiré de cette position tous les avantages qu'elle en peut déduire; de telle sorte qu'à l'inverse de l'industrie anglaise elle a une influence assez importante pour empêcher l'action de l'arbitraire sur la masse, mais qu'elle n'a point encore contracté les habitudes nationales nécessaires pour se préserver de l'arbitraire relatif aux individus.

ponse que la veille, et terminée à peu près en ces termes :
« Dites à ceux qui vous envoient, que je ne sors d'ici qu'en
» vertu d'un jugement bon ou mauvais; qu'il me faut un ju-
» gement. On dit que vous êtes libres en France, je saurai
» bientôt si vous l'êtes. Je vais faire ce qu'en pareille occa-
» sion je ferais en Angleterre: la maison d'un citoyen est in-
» violable; ma maison sera fortifiée, mes gens armés, et on
» tirera sur quiconque viendra, comme vous, Monsieur, m'y
» faire violence, au nom d'une autorité qui n'est pas celle des
» lois. »

« Et, en effet, la maison fut fortifiée, les portes barricadées, les gens armés. L'affaire fit du bruit, elle fut portée au conseil d'État; l'Anglais fut tranquille chez lui. »
Quel Français oserait montrer une fermeté pareille ?

Tome IV, 1ᵉʳ cahier.

§ III.

Conclusion.

De ce que nous avons dit jusqu'à présent, il résulte que l'industrie anglaise et l'industrie française sont dans deux états politiques différents, qu'elles jouissent chacune d'un genre d'influence particulier dans la direction de leurs affaires respectives. L'industrie anglaise s'est préservée de l'arbitraire sur les individus, mais elle ne peut se garantir de celui qui agit sur la masse. L'industrie française, au contraire, a des garanties contre l'arbitraire relatif à la masse, et ne sait point se préserver de celui qui pèse sur les individus. Ne s'ensuit-il pas qu'il est de l'intérêt mutuel de l'industrie anglaise et de l'industrie française de se réunir, de combiner leurs forces ? Comme producteurs, les industriels de France et d'Angleterre n'ont absolument aucun motif de se haïr ; ils sont, au contraire, rapprochés par les intérêts généraux de l'industrie ; mais, de plus, en vertu de leur position politique particulière, ils ont le plus grand intérêt à se coaliser. L'industrie française et l'industrie anglaise se trouvent, à l'égard des gouvernements de la France et de l'Angleterre, dans une situation précisément telle, que ce qui manque de force politique à chacune d'elles se trouve possédé par l'autre. Réunies, elles auront donc toutes les forces ; isolées, elles continueront à souffrir toutes deux de ce que leurs forces ne sont pas complètes.

La coalition de toutes les industries nationales est nécessaire pour préparer l'établissement du régime industriel. Mais cette coalition ne peut point se former soudainement sur tous les points du monde civilisé ; elle doit commencer par l'union de l'industrie française et de l'industrie anglaise, celles de toutes qui ont l'intérêt le plus évident de combiner leurs efforts. Leur union est possible ; car, encore une fois, tous les industriels sont amis ; elle est avantageuse à chacune d'elles, car les forces qui manquent à l'une se trouvent dans l'autre ; d'un autre côté, l'industrie, comme nous l'avons dit bien souvent, possède toutes les forces réelles. L'industrie anglaise et l'industrie française peuvent donc et doivent avoir la ferme intention de s'unir, et il est en leur pouvoir de se coaliser. Quel obstacle peut donc s'opposer à cette union ? Aucun, si ce n'est l'ignorance des moyens de combiner leurs efforts.

APPENDICE

Le corps industriel se compose, comme nous l'avons établi, de deux grandes familles : celle des savants ou des industriels de théorie, et celle des producteurs immédiats ou des savants d'application. Dans tout ce que nous venons de dire, il n'a été question que des industriels praticiens. Nous pouvons faire des réflexions analogues par rapport aux industriels théoriciens.

La classe scientifique anglaise et la classe scientifique française se trouvent aussi dans une situation telle, que ce qui manque à chacune d'elles est possédé par l'autre.

L'industrie théorique française est constituée, et l'organisation du corps savant français, de l'académie des sciences est complète, sauf la philosophie qu'il n'a pas, qu'il ne pouvait avoir encore, mais qu'il aura sans doute bientôt. Que manque-t-il à ce corps pour entrer avec fruit dans la ligue industrielle générale, pour travailler à établir le régime industriel? Une seule chose! C'est d'être libre, c'est de se dégager de toute influence du gouvernement.

Cette condition, le corps savant anglais l'a

remplie. La société royale de Londres est libre ; ses rapports avec la classe des producteurs immédiats sont plus directs ; mais, d'un autre côté, son organisation est loin d'être aussi complète, aussi bien combinée que celle de notre institut.

Ainsi, l'industrie théorique anglaise et l'industrie théorique française, de même que les deux industries pratiques, jouissent chacune d'un avantage qui manque à l'autre. Elles ont donc, comme les industries pratiques, un puissant intérêt à se combiner.

ARTICLE II

Nous venons d'établir l'intérêt mutuel qui doit porter l'industrie anglaise et l'industrie française à se réunir, et quels avantages chacune d'elles doit retirer de la combinaison de leurs efforts. Les motifs de coalition que nous avons présentés nous paraissent très-solides, et nous ne doutons pas qu'en méditant sur ce sujet on ne trouve nos raisons convaincantes ; mais nous ne craignons pas d'avancer avec la même confiance que ce projet sera considéré par la plupart des personnes, par les parties intéressées même, comme une rêverie impossible à réaliser, comme une combinaison analogue à l'*impraticable paix* de l'abbé de Saint-Pierre.

Toutes les objections qu'on peut faire se réduisent à peu près à celle-ci : Il existe une haine profonde entre la France et l'Angleterre, et il faut beaucoup de temps pour changer à cet égard les habitudes des deux nations, pour leur faire adopter une disposition nouvelle essentiellement pacifique.

Quant à cette haine nationale réciproque, nous sommes loin d'en nier l'existence. Mais d'abord elle n'a pas lieu dans l'industrie théorique ; les savants de France et d'Angleterre se considèrent généralement comme étant de la même famille, et s'occupent, chacun de leur côté, de réprimer tout ce qui tend à introduire la discorde entre eux. La lutte existe, il est vrai, dans l'industrie pratique, quoiqu'à un bien moindre degré qu'on ne se l'imagine ordinairement, puisque l'industrie anglaise et l'industrie française ont manifesté plus d'une fois l'une et l'autre le désir de la paix, l'aversion pour la guerre ; mais cet esprit de discorde et de haine est essentiellement contraire à l'es-

prit industriel ; il n'est autre chose que le résultat
de l'influence de la féodalité. C'est parce que
l'esprit industriel ne domine pas encore, que les
haines nationales continuent à subsister. Mais,
du moment que l'industrie prendra le dessus,
ces haines disparaîtront pour faire place à des
dispositions fraternelles, fondées sur la conscience de l'identité des intérêts. En un mot, la
haine existe encore entre les industriels praticiens de France et les industriels praticiens
d'Angleterre ; mais cette haine n'est point produite par l'esprit industriel ; elle est uniquement,
de part et d'autre, le résultat de l'esprit féodal ;
elle a constamment diminué avec l'influence de la
féodalité ; elle doit disparaître entièrement quand
l'esprit industriel deviendra tout à fait domi-
nant.

Quant aux moyens de faire adopter aux deux
industries nationales l'idée d'unir leurs efforts,
c'est-à-dire quant aux moyens d'exécuter le projet de coalition, il semble d'abord que tout cela
est bien difficile, qu'il faut beaucoup de temps
et de soin pour en venir à bout. Mais si l'on
veut bien y réfléchir avec nous, on verra que
tout se réduit à une chose toute simple.

N'est-il pas clair que si, d'une part, les cent

premières personnes de l'industrie théorique
et les cent premières personnes de l'industrie
pratique en France ; de l'autre, le même nombre
de personnes de l'ordre correspondant en Angleterre, adoptent le projet de l'union des deux
industries nationales, il est en leur pouvoir de le
faire admettre par le reste de l'industrie dans les
deux pays ? L'opinion des principaux membres de
l'industrie théorique et d'application suffit pour
déterminer en un instant l'opinion publique. Si
les choses ne se passent point ainsi, la raison
en est que l'industrie se regarde encore comme
subalterne en matière d'intérêt général, qu'elle
ne forme pas son opinion d'elle-même, qu'elle
laisse à d'autres qu'elle le soin de discuter ses
intérêts. Quelles sont les personnes, en France
et en Angleterre, qui s'occupent d'éclairer le
public sur ses intérêts? Ce sont presque uniquement des hommes absolument étrangers et aux
sciences théoriques et aux sciences d'application,
aux connaissances positives comme aux combinaisons industrielles, des hommes qui ne font
partie ni de l'industrie scientifique, ni de l'industrie pécuniaire. Voilà quels sont, à peu près,
les esprits exclusivement occupés de traiter les
intérêts généraux, d'examiner les besoins de la

société et les moyens d'y pourvoir. N'est-il pas
bien remarquable que des industriels soient précisément les seuls qui ne discutent pas les intérêts de l'industrie? N'est-il pas bien étrange que
les savants et les producteurs, qui sont les vrais
intéressés dans les affaires publiques, et qui
seuls ont les connaissances positives nécessaires pour en bien juger, n'osent former leur
opinion sur les questions d'intérêt général, que
d'après les décisions d'écrivains qui ne remplissent ni l'une ni l'autre de ces deux conditions?
En vérité, un tel état de choses est trop bizarre,
tranchons le mot, trop niais, pour qu'il puisse
durer, pour qu'il ne cesse pas dès l'instant qu'il
sera remarqué. On est donc en droit d'espérer
que les industriels cesseront bientôt de traiter
leurs affaires par procureurs; qu'ils se mêleront
de discuter par eux-mêmes les questions d'intérêt public; qu'en un mot, de passive qu'elle a
été jusqu'à présent, l'industrie deviendra active.
C'est dans ce changement important que consiste, à proprement parler, le passage du régime arbitraire au régime industriel, comme
nous l'avons déjà remarqué et comme il n'est
pas inutile de le répéter. Tant que l'industrie se
considère comme étant sous la tutelle du gouver-

nement et sous l'inspiration des écrivains politiques qui n'appartiennent à aucune des deux
classes industrielles, elle est passive, et on reste
dans l'ancien régime; mais du moment que l'industrie vient à protéger le gouvernement, qu'elle
s'occupe de vouloir par elle-même, de rechercher ce qui lui convient, et qu'elle ne se meut
directement que d'après sa propre impulsion,
alors elle devient active, et on entre dans le régime industriel.

Si l'opinion des principaux membres de l'industrie ne détermine point l'opinion publique,
cela tient donc à ce que ces hommes ne s'occupent point d'agir sur l'opinion de la masse;
qu'eux-mêmes reçoivent leurs jugements d'ailleurs. Ainsi on ne peut douter que si la tête de
l'industrie des deux genres, en France et en
Angleterre, adopte la proposition que nous avons
faite de coaliser l'industrie anglaise et l'industrie française, cette adoption suffit pour déterminer l'opinion publique dans les deux pays en
faveur de cette proposition, et pour produire, par
le fait, la coalition des deux industries. Tout se
réduit donc à faire vouloir cette coalition aux
principaux industriels théoriciens et praticiens,
tant de la France que de l'Angleterre. Or, c'est

là ce que nous avons entrepris. Dans cette entreprise, comme dans les entreprises industrielles quelconques, il y a nécessairement, comme nous l'avons établi, deux parties, la théorie et la pratique. Or, de ces deux parties, nous n'en avons qu'une; c'est la théorie. La partie théorique de l'entreprise consiste à établir quel intérêt les industriels ont à s'unir, pour quel objet ils doivent s'associer, et comment doivent être combinés leurs efforts. C'est là notre tâche : les travaux que nous avons publiés ont pour but de la remplir. C'est au public de juger si ce but est atteint. Mais ce n'est là qu'une moitié du travail. La capacité philosophique n'est que l'une des deux capacités indispensables pour le succès de l'entreprise; il nous manque la capacité financière, c'est-à-dire des capitaux et des moyens de persuasion. A l'égard des membres de l'industrie d'application, par notre position, par notre genre de facultés, nous n'avons de relations naturelles qu'avec les industriels théoriciens; nos moyens n'ont d'action directe que sur eux. Pour déterminer le concours des industriels praticiens, un membre de l'industrie pratique est indispensable. Ce serait sortir du rôle qui nous est forcément assigné par

la nature des choses, par cette division nécessaire de la capacité théorique et de la capacité
pratique, que de vouloir agir sur l'industrie
d'application, autrement que par la publication
de nos travaux. Nous avons établi qu'une souscription générale de l'industrie pratique est nécessaire pour l'exécution des travaux qui doivent
préparer l'établissement du régime industriel.
Or, ce concours des industriels praticiens, il
n'est pas en notre pouvoir de le déterminer. Il
manque donc à l'entreprise que nous avons conçue un industriel praticien, un homme qui possède des capitaux, et qui ait des relations de
confiance et de crédit avec l'industrie d'application; un homme, en un mot, capable de déterminer le concours des principaux industriels praticiens, de même que nous tentons de déterminer celui des théoriciens. Le praticien que nous
appelons doit, en outre, satisfaire à la condition
de concevoir nettement le but et le plan de notre
entreprise. Mais ce n'est pas là ce qui peut nous
arrêter ; car nos relations personnelles nous ont
convaincu que cette capacité se trouve tout autant pour le moins dans la classe des industriels
d'application que dans celle des industriels de
théorie.

Notre entreprise ne peut donc marcher sans l'association d'un des membres de l'industrie pratique; nous l'appelons franchement, se présentera-t-il? Oui, car il y trouvera ce qui détermine tous les hommes : de la considération et des bénéfices pécuniaires; de la considération, nous ne nous amusons pas à le prouver; des bénéfices, c'est ce qu'il nous reste à établir.

Il n'est nullement question, pour l'associé que nous appelons, d'un généreux dévouement, de grands sacrifices à faire pour le bien public. Il s'agit tout simplement de voir clair dans une spéculation financière. Quant aux avantages qui doivent résulter pour l'humanité des travaux que nous entreprenons, nous croyons que tout homme capable de réfléchir ne peut les révoquer en doute. Mais ce n'est point uniquement cela qu'il faut considérer dans une entreprise de bien public. Travaillant à établir ce régime industriel, laissons-nous au moins diriger par les idées industrielles. L'industrie a pour principe de ne jamais se mêler d'une entreprise sans y trouver son profit, et nous nous garderons bien de vouloir faire admettre un principe contraire. Nous sommes convaincus qu'une entreprise d'utilité générale ne se fait jamais bien lorsque ceux qui y concourent n'y trouvent point leur avantage particulier ; et c'est surtout parce que chacun verra clairement son bien dans le bien public, que le régime industriel que nous préparons doit assurer une grande prospérité à l'espèce humaine. Nous croirions n'avoir rempli qu'à demi la tâche qui nous est imposée, si nous ne prouvions pas, avec la dernière évidence, aux hommes que nous appelons à notre entreprise, que cette entreprise, loin d'exiger d'eux des sacrifices, est, au contraire, extrêmement productive. Or, c'est ce qu'il est facile de voir en observant que les fonds nécessaires pour l'exécution seront certainement beaucoup moindres que la somme des souscriptions qui seront faites par l'industrie européenne tout entière, qui est intéressée au résultat de cette entreprise. Son but final, qui est l'établissement du régime industriel, est du plus haut degré d'intérêt pour les productions de tous les pays civilisés ; ils feront donc une bonne spéculation en souscrivant pour cette entreprise, car ce qu'ils gagneront est bien supérieur aux sacrifices qu'ils pourront faire[1].

1. Notre entreprise est absolument semblable à toutes celles qui ont un but d'utilité publique. Quand il s'agit, par

Mais, d'un autre côté, ces souscriptions, quelque modique que soit chacune d'elles, couvriront bien au delà des frais de l'entreprise; l'excédant sera l'objet d'un partage égal entre la capacité scientifique et la capacité financière, lesquelles auront également concouru, chacune à sa manière, au succès de l'entreprise.

Ainsi, l'industriel d'application qui viendra combiner ses efforts avec les nôtres doit se regarder comme engagé dans une entreprise qui est susceptible de devenir la plus lucrative de toutes, et qui le deviendra certainement, si les efforts sont bien combinés.

En résumé général, le problème que nous avons entrepris de résoudre, et dont l'industrie désire fortement la solution, c'est l'établissement d'un régime industriel. Pour cela, nous avons établi qu'il y avait de grands travaux philoso-

exemple, de construire un pont, il faut un ingénieur et un capitaliste; ensuite, pour subvenir aux frais de l'entreprise, les entrepreneurs établissent un modique droit de passage, qui se trouve toujours procurer, en outre, des bénéfices considérables, sans que le public y perde rien, parce que les avantages que chacun tire de cette construction sont bien supérieurs à la petite rétribution qu'il donne; de sorte que le public et les entrepreneurs y gagnent tous les deux. C'est à cette condition essentielle aussi que doit satisfaire toute entreprise d'intérêt général.

phiques à exécuter, dont nous avons donné l'idée. Pour exécuter ces travaux de la manière la plus propre à remplir leur but, la coalition de tous les industriels des deux genres est indispensable. Pour déterminer cette coalition, il est nécessaire et il suffit de combiner l'industrie anglaise et l'industrie française. Or, cette question se réduit à celle de faire concourir la tête de ces deux industries, tant par rapport à la théorie que par rapport à la pratique. Voilà à quoi est amené le but de notre entreprise. Mais pour qu'elle réussisse, il faut deux sortes de capacités. Nous n'avons que la capacité scientifique; il nous manque la capacité financière. Nous l'appelons, elle viendra, car tel est son intérêt sous tous les rapports; elle a des bénéfices pécuniaires assurés; car, avec son secours, notre entreprise doit être de toutes la plus productive. C'est d'après ces réflexions, et avec la confiance qu'elles nous inspirent, que nous attendons l'associé qui nous est nécessaire.

SECONDE PARTIE

—

MAI *ou* JUIN 1818

MOYEN CONSTITUTIONNEL

D'AUGMENTER LES RICHESSES DE LA FRANCE;

D'ACCROÎTRE SA LIBERTÉ AU DEDANS;

D'ASSURER SON INDÉPENDANCE A L'ÉGARD DE L'ÉTRANGER;

ET DE PROCURER AUX INDUSTRIELS

TOUS LES AVANTAGES POLITIQUES QU'ILS PEUVENT DÉSIRER.

MOYEN.

OBTENIR UNE LOI QUI METTE LES INDUSTRIELS AGRICOLES,

A L'ÉGARD DE LEURS BAILLEURS DE FONDS,

DANS LA MÊME POSITION QUE LES INDUSTRIELS FABRICANTS

ET COMMERÇANTS,

ENVERS LES PERSONNES DONT ILS FONT VALOIR LES CAPITAUX

PRÉFACE

Nous avons démontré dans nos premiers volumes :

1° Que la *classe industrielle* est la seule classe utile ;

2° Que cette classe devient continuellement plus nombreuse, et que, s'accroissant toujours aux dépens des autres, elle doit finir par devenir la *classe unique;*

3° Que toutes les *lois*, ainsi que toutes les *mesures administratives* pouvaient être bien jugées en les considérant sous cet unique rapport: *sont-elles utiles ou nuisibles à l'industrie?* et que c'était même la seule manière de les juger sainement.

Ces démonstrations méritaient peut-être du *public* un accueil plus favorable que celui qu'elles ont reçu. Quoi qu'il en soit, ceux qui écrivent doivent s'attendre, non-seulement à porter la peine de leurs erreurs, mais encore à être comptables pour les *vérités* qu'ils n'ont pas su faire valoir tout leur prix. Le *public* n'est jamais complétement injuste.

On nous reproche d'avoir, dans notre *troisième volume*, perdu le fil de notre première direction; cette direction était donc bonne, et nous trouvons jusque dans ce reproche une sorte d'éloge et d'encouragement qui nous console pour le *passé*, en nous avertissant pour l'*avenir*. Nous aimons même à croire qu'après la lecture de ce volume, le *public* reviendra à une opinion plus indulgente sur le *volume* précédent, et qu'alors notre faute ne sera plus à ses yeux qu'un *manque de méthode*, défaut dont nous sommes si loin de vouloir éviter le reproche, que plus tard nous en établirons la démonstration en relevant nous-même une autre erreur plus grave, que nous avons commise et qui a échappé au *public*.

L'industrie pratique a des *moyens* d'accroître son *importance politique*, qui lui sont personnels; attachons-nous à découvrir ces moyens et à trouver la manière de les utiliser; tâchons de former, avec ces seuls matériaux, des combinaisons d'une bonté en quelque façon palpable. Nous aurons le double avantage de produire un bien immédiat, et de prouver à l'*industrie pratique* que l'*industrie théorique* peut la servir utilement ; d'où cette conséquence naturelle qu'il est de son intérêt de se coaliser avec elle. L'industrie pratique pourrait beaucoup sans doute pour son propre bien avec ses seules ressources, si elle les employait convenablement ; mais que ne pourrait-elle pas, en les combinant avec les efforts de l'industrie théorique ? Qu'on nous pardonne d'accorder ce dernier regret à une idée que nous abandonnons pour le moment.

Il est facile de faire un livre avec des livres ; il est plus difficile de faire un livre dans lequel soient traitées des questions neuves, même quand ces questions sont particulières. Mais faire un livre vraiment neuf, portant sur la plus générale et la plus importante des questions, c'est assurément le comble de la difficulté ; tel est le cas dans lequel nous nous trouvons. Nous croyons donc avoir quelques droits à l'indulgence des lecteurs.

MOYEN CONSTITUTIONNEL

D'ACCROITRE LA FORCE POLITIQUE DE L'INDUSTRIE

ET D'AUGMENTER LES RICHESSES DE LA FRANCE

CHAPITRE PREMIER

—

CONSIDÉRATIONS GÉNÉRALES SUR L'ÉTAT PRÉSENT DE LA CIVILISATION

---

§ Ier

De l'état présent de la civilisation.

Le tempérament, l'éducation, les circonstances, ont tant d'empire sur la conduite de la vie, que c'est rarement d'après nos lumières que nous agissons. L'impétuosité du caractère, la force des habitudes de l'enfance, les choses qui nous entourent, voilà le plus souvent ce qui nous entraîne, ce qui nous gouverne en dépit de nous, malgré les avertissements de la raison et de l'expérience.

Telle est, en peu de mots, l'histoire des hommes et des *nations*.

La *France*, et d'après son impulsion tout le reste de l'*Europe*, ont déployé le caractère le plus violemment guerrier à une époque où toutes les idées acquises devaient, en quelque sorte, rendre les guerres impossibles, à une époque où l'intérêt de tous, d'accord avec la raison commune, semblait devoir faire de la *philanthropie* une doctrine universelle et le principe de la vie nationale en *Europe*. Mais c'était à l'école de l'*ancienne barbarie* que notre jeunesse avait été formée. Les *Grecs* et les *Romains*, nos maîtres en littérature, étaient devenus aussi, on ne sait pourquoi, nos maîtres en *politique*; et de là, en grande partie, cette contradiction singulière entre les lumières et les mœurs, entre les idées et la conduite.

Nous sommes revenus aujourd'hui à des idées plus saines et rentrés dans une direction plus raisonnable ; prenons garde cependant de commettre encore une faute semblable à la première, et qui n'aurait peut-être pas des conséquences moins funestes [1]. Ce n'est jamais

---

1. Les suites de cette erreur seraient sans doute moins violentes, mais à coup sûr elles seraient plus durables.

impunément qu'une *nation* se méprend, ou plutôt qu'elle se laisse tromper dans le travail de sa *Constitution.*

La *Constitution anglaise* fut, à juste titre, un objet d'envie et d'admiration pour nous, tant qu'égarés dans le *labyrinthe* de la *révolution*, ou enchaînés sous les yeux du despotisme, l'étourdissement de tous les esprits ou le silence de toutes les pensées ne nous permettait de rien voir, de rien produire de modéré ou de hardi; en un mot, tant que notre propre *civilisation* ne pouvait porter ses fruits; mais aujourd'hui que la révolution s'est calmée, que le *despotisme* a disparu, qu'allons-nous faire? En nous laissant aller en étourdis au même enthousiasme, à cette admiration irréfléchie qui ne laisse rien supposer au delà de la *Constitution anglaise*, peut-être allons-nous encore nous donner des entraves.

Depuis plus de cent ans que les *Anglais* ont posé les fondements de leur liberté, notre *civilisation* se préparait en silence, et il est impossible de croire que de les copier aujourd'hui, ce ne soit pas nous reporter d'un siècle en arrière, mal profiter de notre position, et nous faire esclaves, car l'esprit humain ne reste pas stationnaire. Plus de temps donne nécessairement plus de lumières, plus de lumières donnent plus de besoins, et, par conséquent, plus de droits; craignons donc de perdre une partie de nos droits en nous hâtant de les fonder sur une base trop étroite ; profitons de l'*Angleterre*, puisqu'elle est devant nous, mais faisons mieux qu'elle, puisque nous sommes plus âgés, et par cette raison-là même que nous l'avons sous les yeux.

Les agitations révolutionnaires, la gêne où nous vivons depuis longtemps, le désir que nous avons d'en être quittes enfin, nous ont fait avec raison bénir la *Charte*, comme l'aurore d'un plus beau jour ; mais quand nous nous applaudissons, semblables à des voyageurs arrivés au port et qui n'ont plus rien à craindre de la mer ; quand nous nous écrions avec transport que la *révolution est à jamais finie,* nous exprimons bien plutôt un désir qu'une confiance raisonnable, et ce que nous voulons, que ce que nous savons. En effet, cette assurance n'a-t-elle rien de téméraire ? Y avons-nous assez réfléchi ? Sommes-nous sûrs que la question résolue par la *Charte* soit bien la seule question à résoudre, qu'elle soit même la plus importante ? Voilà ce qui semble porté dans tous les esprits jusqu'au dernier degré de conviction, et ce à quoi pourtant personne n'a encore songé.

Nous attachons trop d'importance à la *forme* des *gouvernements;* il semble que toute la *politique* soit concentrée là, et qu'une fois la division des *pouvoirs* bien établie, tout soit organisé le mieux du monde.

Il y a en *Europe* deux peuples qui vivent sous le pouvoir absolu d'un seul : ce sont les *Danois* et les *Turcs.* S'il y a quelque nuance à marquer, c'est qu'en *Danemark* le despotisme est plus fort qu'en *Turquie*, puisqu'il y est légal, *constitutionnel;* et cependant, sous la même forme de *gouvernement*, quelle différence dans la condition des gouvernés ! Il n'y a pas de peuple plus malheureux, plus vexé, plus battu, en un mot, plus injustement et plus chèrement administré que le *peuple turc ;* tandis qu'il n'en est pas un seul chez qui la liberté soit, de fait, plus étendue qu'en *Danemark*, il n'y en a pas un seul, sans en excepter l'*Angleterre,* chez qui le pouvoir arbitraire se fasse moins sentir, chez qui l'administration soit moins coûteuse. D'où vient cette différence ? Ce n'est pas sans doute de la *forme* des *gouvernements*, puisque cette forme est la même de part et d'autre.

Il faut donc que la *tyrannie* ait une autre cause, et cette cause, la voici : toutes proportions gardées, le *Roi de Danemark* est le plus pauvre de tous les princes de l'*Europe*; le *Grand Seigneur* est le plus riche de tous, puisqu'il est, en *Turquie*, le seul *propriétaire*, comme le seul maître.

Cet exemple est la preuve que la loi qui constitue les pouvoirs et la forme du gouvernement n'est pas aussi importante, qu'elle n'a pas autant d'influence sur le bonheur des nations que celle qui constitue les *propriétés* [1], et qui en règle l'exercice. Qu'on n'imagine pas cependant que nous veuillons en conclure que la loi qui établit la *division* des *pouvoirs* ne soit pas essentielle; nous sommes loin de professer une pareille hé-

---

1. Nous ne prétendons pas dire qu'on ne se soit point occupé du *droit de propriété* dans le cours de la *Révolution*. Certainement on a discuté ce droit quand on a déclaré les biens du clergé des *domaines nationaux*, car cette décision a été le résultat d'une discussion sur le droit de propriété du *clergé*; mais l'on n'a point discuté d'une manière générale le *droit* de *propriété*, en recherchant de quelle manière la *propriété* devait être constituée pour le plus grand avantage de la *nation*. Nous prions instamment le lecteur de ne pas perdre de vue que nous avons toujours déclaré que le *désordre* nous paraît le plus grand de tous les maux, et que le maintien de l'*ordre* exige, quelque parti qu'on prenne, quelqu'avantage qui doive en résulter, qu'il ne soit jamais donné d'effet rétroactif à une loi, car, dans ce cas, les inconvénients seraient toujours au-dessus de l'utilité.

résie. Certainement, la forme du *gouvernement parlementaire* est très-préférable à toutes les autres ; mais ce n'est qu'une *forme*, et la constitution de la *propriété* est le *fond ;* donc c'est cette *Constitution* qui sert véritablement de base à l'édifice social.

Ainsi la *question* la plus *importante à résoudre* serait, à notre avis, celle de savoir de quelle manière la propriété doit être constituée pour le plus grand bien de la société entière, sous le double rapport de la liberté et de la richesse.

Or, c'est à cette question générale que se rattache la question que nous allons traiter ici.

Tant que les *consommateurs* se trouveront en force de majorité dans les délibérations où il s'agit de faire leur part, cette part sera toujours très-forte, aussi forte qu'ils la voudront faire, c'est-à-dire qu'en dépit de vos *formes parlementaires*, vous serez gouvernés *arbitrairement.* Dès le moment, au contraire, que les *industriels*, c'est-à-dire les gens intéressés à la liberté et à l'économie publiques, se seront emparés exclusivement du droit de voter l'impôt, alors ils ne donneront que ce qu'ils voudront bien donner, et ils seront véritablement libres d'exercer leurs droits dans toute leur étendue. Et encore une fois, pour arriver là, que faut-il faire? Bien comprendre la nature du droit de *propriété*, et fonder ce droit de la manière la plus favorable à l'accroissement des richesses et des libertés de l'*industrie*. Or, c'est la condition que nous avons l'intention de remplir par la mesure législative exposée dans cet *écrit*, et dont nous livrons l'examen à l'opinion publique, c'est-à-dire *industrielle*.

La *déclaration des droits de l'homme*, qu'on a regardée comme la solution du problème de la *liberté sociale,* n'en était véritablement que l'énoncé. Ce problème est-il résolu? Le sera-t-il? Ce qu'il y a de sûr, c'est que ce n'est pas en organisant, en constituant ou en combinant les *trois pouvoirs*, qu'on pourra y réussir.

§ II

Différence entre les droits des industriels agricoles et les droits des industriels fabricants et commerçants, à l'égard de leurs bailleurs de fonds respectifs.

Les *bailleurs de fonds* d'une maison de commerce ou d'une manufacture sont appelés *commanditaires*, expression qui désigne le *rôle* qu'ils jouent à l'égard du *travailleur*.

Dans toute entreprise de commerce ou de fabrication, c'est le travailleur qui donne son nom à la maison, ou, si l'on veut, c'est le nom du *travailleur* qui sert de *raison* à la maison : c'est le *travailleur,* en un mot, qui est l'homme important aux yeux de la loi, ou plutôt, c'est le *travailleur* que la loi a rendu l'homme important.

Dans l'*agriculture*, le *travailleur* n'est qu'un *subalterne*, ce n'est qu'un *fermier* qui appelle son *propriétaire* son *maître.*

Dans l'industrie *commerciale* et *manufacturière,* le *travailleur* a le droit d'engager, de la manière qu'il trouve convenable pour le bien de l'entreprise qu'il dirige, les capitaux qu'il s'est chargé de faire valoir.

Dans l'*industrie agricole,* le *travailleur* n'est qu'un *locataire* qui ne peut aucunement disposer du capital confié à ses soins ; il est obligé de soumettre ses moindres idées d'amélioration, ses moindres plans agricoles, aux idées et aux plans du propriétaire.

Dans l'*agriculture,* le *bailleur de fonds* n'est donc compromis au plus que pour une année d'*intérêts,* tandis que, dans les deux autres branches de l'*industrie,* la totalité des fonds confiés par le capitaliste se trouve sans cesse compromise[1].

Le propriétaire d'une terre cultive-t-il lui-même sa propriété? C'est bien plus à sa qualité de *propriétaire* qu'à celle de *cultivateur* qu'il doit la considération dont il jouit parmi les *industriels* de sa classe.

Un négociant est-il propriétaire des fonds qu'il fait valoir? C'est bien plus sa qualité de *négociant* que celle de *capitaliste* qui lui procure de la considération dans le commerce.

§ III

Cause de la différence existant entre les droits des industriels des deux classes, à l'égard de leurs bailleurs de fonds.

Les *droits* des *industriels* livrés à la *fabrication* et au *commerce* ont été établis par un acte passé librement entre les parties, par un contrat auquel on a donné le nom de *rachat des communes*.

Les *droits* des *propriétaires d'immeubles*, qui sont les principaux *bailleurs de fonds* pour

1. Il est résulté de là que l'*industrie commerciale* et *manufacturière* a fait des progrès infiniment plus rapides que *l'industrie agricole*.

l'*industrie agricole*, ont eu pour origine la *conquête*, c'est-à-dire la loi du plus *fort*.

Les *Francs*, vainqueurs des *Gaulois*, avaient déclaré que le sol des *Gaules* leur appartenait, aussi bien que tous les produits des travaux des *Gaulois*. Ainsi, l'établissement du *droit de propriété* en *France,* les limitations de ce *droit*, la manière de l'exercer, ont été primitivement stipulés par le *vainqueur;* c'est au moins l'origine la plus ancienne à laquelle puissent remonter les titres des propriétés actuellement existantes.

Le *droit de propriété,* tel qu'il a été établi à cette époque, a été considérablement modifié depuis; mais l'esprit de la loi n'ayant pas été changé, la loi se trouve encore, malgré les nombreux changements qu'elle a subis, plus avantageuse aux représentants des *vainqueurs* qui sont leurs descendants ou ceux qui ont acquis d'eux, qu'aux descendants des *vaincus*, qui sont nécessairement les seuls représentants de ces derniers; car ils n'avaient aucun droit à céder. Or, les ayants cause des *vainqueurs* sont les *propriétaires* des terres, et les successeurs des *vaincus* sont les *cultivateurs*.

§ IV

Moyen de corriger cette différence injuste et funeste.

Quel est le moyen de procurer à l'industrie un accroissement important de *droits politiques?*

Ce moyen serait de *procurer aux industriels agricoles, à l'égard des bailleurs de fonds, les mêmes avantages dont jouissent les industriels livrés à la fabrication et au commerce, à l'égard des personnes dont ils font valoir les capitaux.*

La loi qui autorisera les *industriels agricoles* à engager les fonds qui leur seront confiés doit en même temps rendre les transports des propriétés territoriales le moins chers et le plus faciles qu'il soit possible.

La fixité que les lois existantes tendent à donner aux possessions territoriales dans les mains de leurs possesseurs actuels et de leur lignée est le plus grand de tous les obstacles à la prospérité de l'*industrie française;* elle ôte aux hommes capables les motifs d'émulation qui les stimuleraient au travail.

Nous reviendrons sur ce sujet dans un des **chapitres suivants.**

L'établissement du *droit de propriété* et des dispositions pour le faire respecter est incontestablement la seule base qu'il soit possible de donner à une société politique ; elle ne saurait exister, même dans l'état le plus imparfait, si ce droit n'était pas consacré au moins par les usages, à défaut de lois.

Il est donc évident que, dans tout pays, la loi fondamentale est celle qui établit les *propriétés*, et les dispositions pour les faire respecter ; mais de ce que cette loi est fondamentale, il ne résulte pas qu'elle ne puisse être modifiée. Ce qui est nécessaire, c'est une loi qui établisse le *droit de propriété*, et non une loi qui l'établisse de telle ou telle manière. C'est de la conservation du *droit de propriété* que dépend l'existence de la *société ;* mais non de la conservation de la loi qui a primitivement consacré ce *droit*. Cette loi dépend elle-même d'une loi supérieure et plus générale qu'elle, de cette loi de la *nature* en vertu de laquelle l'esprit humain fait de continuels progrès, loi dans laquelle toutes les *sociétés politiques* puisent le droit de modifier et de perfectionner leurs institutions ; loi suprême qui défend d'enchaîner les générations à venir par aucune disposition de quelque nature qu'elle soit.

Ainsi donc ces questions :

Quelles sont les choses susceptibles de devenir des *propriétés?*

Par quels moyens les *individus* peuvent-ils acquérir ces *propriétés?*

De quelle manière ont-ils le droit d'en user, lorsqu'ils les ont acquises?

Sont des questions que les *législateurs* de tous les pays et de tous les temps ont le droit de traiter toutes les fois qu'ils le jugent convenable, car le *droit individuel* de *propriété* ne peut être fondé que sur l'utilité commune et générale de l'exercice de ce droit, utilité qui peut varier selon les temps.

Ainsi, une loi qui mette les *travailleurs agricoles* sur le même pied, à l'égard de leurs bailleurs de fonds, que les *commerçants* et les *manufacturiers* vis-à-vis des leurs; qui permette par conséquent aux premiers d'engager les capitaux qui leur sont confiés de la même manière que les seconds y sont autorisés; cette loi, disons-nous, peut être faite et doit être faite si elle est jugée utile.

La loi des *élections* a été un effet du progrès des lumières; la loi dont nous parlons, et que nous désirons voir proposer, est devenue aussi nécessaire que celle-là. La société ne peut sortir de l'état de souffrance où elle se trouve que par cette disposition législative, bien plus importante que la *Charte* [1] elle-même ne l'a été, ainsi que nous le prouverons plus bas.

§ V
Moyen de déterminer les législateurs à rendre cette loi.

L'opinion publique a été nommée à juste titre la *Reine du monde ;* elle est la force morale la plus grande qui existe, celle à laquelle toutes les autres forces humaines sont obligées de céder dès le moment qu'elle se prononce clairement. Si donc on peut déterminer l'*opinion publique* à prescrire aux *législateurs* de rendre la loi dont nous venons de parler, il est bien certain que cette loi sera rendue.

Il ne s'agit donc plus que d'éclairer l'opinion à cet égard.

Or, il n'est pas douteux que l'*industrie* n'ait

1. Nous disons ici la *Charte,* comme nous dirions toutes les constitutions données à la *France,* depuis le commencement de la Révolution, comme nous dirions celle de l'*Angleterre ,* et en général toutes les constitutions qui n'ont réglé que les formes du *gouvernement,* sans s'occuper de constituer la *propriété.*

de grands moyens en ce genre. De toutes les classes de la société, les *industriels* sont ceux qui ont entre eux les rapports les plus actifs et les plus continus, soit par écrit, soit verbalement; de plus, cette classe jouit de l'avantage d'être, en quelque façon, organisée par le fait de l'influence graduelle que les *maisons* exercent les unes sur les autres, suivant leur degré d'importance dans les affaires. Enfin, elles se trouvent dans une situation telle que si une douzaine des premières *maisons industrielles de Paris* sentaient bien l'utilité pour elles de la mesure que nous proposons, leur opinion deviendrait en peu de temps commune à toute la *classe commerçante*. En effet, la première *maison de banque* de la capitale se trouve liée, au moyen de quelques échelons intermédiaires, avec les porte-balles et les moindres marchands des campagnes. Or, cette opinion une fois devenue commune à toute la classe des *commerçants* ne trouverait assurément pas d'opposants parmi les *agriculteurs*, puisque c'est pour eux que l'avantage serait le plus direct et le plus évident.

Quelles sont les forces morales ou physiques qui pourraient en *France* s'opposer à l'adoption d'une mesure qui aurait pour elle l'approbation des *vingt millions d'hommes* dont se compose la *classe industrielle ?*

CHAPITRE II

—

IMPORTANCE POLITIQUE QUE CETTE LOI DONNERAIT A L'INDUSTRIE.

La loi la plus importante de toutes est sans contredit celle qui règle le *budget*, car l'argent est au corps politique ce que le sang est au corps humain. Toute partie du corps où le sang cesse de *circuler* languit et ne tarde pas à mourir ; de même toute fonction administrative qui cesse d'être payée cesse promptement d'exister. Ainsi la *loi des finances* est la *loi générale*, elle est celle dont toutes les autres dérivent ou doivent dériver. S'il en est autrement, c'est que les comptes rendus ne sont pas exacts, ou que la stipulation des dépenses n'est pas assez détaillée.

Qui fait la loi des *finances* en *France* comme en *Angleterre ;* est-ce le *Parlement?*

Non ; un seul des trois pouvoirs est chargé de cette fonction capitale, exclusivement aux deux autres : c'est la *Chambre des Communes.*

Il s'ensuit que la Chambre des Communes possède réellement à elle seule tout le pouvoir politique. Si, jusqu'à ce jour, elle n'a point fait usage de cet immense pouvoir ni en *France* ni en *Angleterre*, c'est que, jusqu'à ce jour, tant en *Angleterre* qu'en *France*, elle s'est trouvée composée, au moins pour la très-majeure partie, de personnes vouées aux intérêts du *gouverne-ment;* que ces personnes ont, par cette raison, suivi la direction qu'elles ont *reçue du gouver-nement* et qu'elles ont voté le *budget* selon ses désirs ; de là il est résulté que le pouvoir de la Chambre des Communes passe, dans l'opinion, pour très-inférieur à celui du *gouvernement*, tandis qu'il est au contraire très-supérieur aux deux autres pouvoirs parlementaires.

D'après ce que nous venons de dire, et qu'on ne peut révoquer en doute, il est évident que si la mesure que nous proposons procure à l'*industrie* le moyen de composer en *totalité* la *chambre des communes* de membres pris dans son sein, cette mesure accroîtra immensément l'*impor-tance politique* de l'industrie des communes et la nantira du pouvoir politique suprême, sauf à elle ensuite à en faire l'usage le plus convenable; ce qu'il y a de certain, c'est qu'elle n'abandonnera plus ce pouvoir à la discrétion de la *cour*, ainsi que doivent le faire les *députés* d'aujourd'hui qui sont pour la plupart *comtes*, *marquis* ou *fonctionnaires publics*.

Il ne s'agit donc plus que d'examiner si la mesure est bonne et doit atteindre le but que nous indiquons. Or, il est clair qu'elle l'atteindra, si elle doit donner à l'*industrie*, comme il est évident, une grande majorité dans les élections.

Quelle est la condition nécessaire pour avoir droit à élire des *députés* ?

C'est de payer une certaine quantité d'impôts directs. D'après cela, si c'étaient les *industriels* qui payassent la totalité, ou au moins la très-majeure partie de l'impôt direct, ils se trouveraient nécessairement en très-grande majorité dans les élections.

Or, dans l'*industrie commerciale et manufacturière*, ce sont les *travailleurs* qui payent l'impôt prélevé sur cette partie des produits nationaux. La mesure que nous proposons consisterait à assimiler les *industriels agricoles* aux *industriels commerciaux;* à faire par conséquent que les entreprises qu'ils dirigent le fussent sous leurs noms et que par conséquent aussi tous les impôts directs mis sur l'*agriculture* se trouvent payés par eux, au lieu de l'être comme aujourd'hui par les propriétaires.

Le résultat de cette mesure serait donc que l'*industrie* payerait la très-grande majorité de l'*impôt direct*, car ce qui n'est pas *impôt territorial*, ou *impôt sur l'industrie commerciale et manufacturière*, ne forme qu'une très-petite partie de l'*impôt direct*.

Or, l'industrie se trouvant par là en majorité dans les élections ne tarderait pas à se donner la majorité dans la *Chambre des Communes*, et cette Chambre possédant le grand pouvoir politique, ainsi que nous venons de l'établir, l'*industrie* se verrait bientôt maîtresse de donner à la *nation* l'organisation sociale qu'elle voudrait. Cette organisation serait nécessairement la plus favorable possible à l'*industrie*, en d'autres mots au *régime industriel*. Ainsi, par suite de la mesure que nous proposons, le *régime industriel* se trouverait naturellement établi, et les *fainéans* seraient enfin rangés au-dessous des *travailleurs*.

Nous aurions alors complétement atteint le but de tous nos vœux, le terme de tous nos efforts, et notre épigraphe : « *Tout par l'industrie, tout pour elle,* » aurait été, à la fois, la prédiction et le signal de cette heureuse révolution.

CHAPITRE III

—

MOYENS D'EXÉCUTION

§ Ier

Considérations générales.

La charte ayant été conçue, produite, adoptée et mise en activité avant que l'idée que nous avons trouvée se soit présentée à l'esprit des Français, nous pensons que trois mesures législatives, bien distinctes, et que nous allons examiner séparément, doivent être adoptées pour établir provisoirement et aussi immédiatement que possible l'ordre de choses favorable à la production, sauf aux pouvoirs parlementaires à se concerter ensuite pour trouver les moyens de modifier la charte et de lui donner pour base la loi qui constituera la propriété dans l'intérêt des producteurs.

Nous observerons, à l'appui de cette dernière proposition :

1° Que le roi a déclaré la charte modifiable, quand il a proposé à sa rentrée, d'y faire des changements ; car sa déclaration, à cet égard, est résultée évidemment du fait de sa proposition;

7

2° Qu'en Angleterre, où le régime parlementaire est anciennement établi, et, par conséquent, où il a été plus observé qu'en France, il est reconnu que le pouvoir du parlement, quand les trois branches qui le composent sont d'accord, est sans aucune limite ; qu'il est tout aussi bien constitutionnel que législatif;

3° Que le bon sens se révolterait de l'idée que, le moyen d'améliorer la constitution des Français étant trouvé, la charte aurait disposé les choses d'une manière telle qu'il y aurait impossibilité de faire usage de la découverte.

Au surplus, les mesures que nous allons présenter ne sont que législatives : notre proposition positive se borne à cela, et nous nous contentons, pour le surplus, de penser qu'il viendra une époque où les trois projets de loi que nous allons exposer deviendront trois dispositions particulières de la grande loi constitutionnelle, qui établira la propriété pour l'intérêt général de la société, et non plus seulement pour l'avantage d'une des classes qui la composent, ce qui est encore aujourd'hui l'état des choses politiques.

§ II

Premier projet de loi.

FAIRE une loi qui charge ceux qui cultivent les
terres de payer la part d'impôt foncier à laquelle
elles sont taxées, en motivant cette loi sur le
principe que celui qui, par son travail, rend la
propriété productive, étant celui qui remplit les
devoirs imposés par l'intérêt public au propriétaire, il est celui qui doit jouir des droits politiques qui résultent de la possession de la propriété, et qui sont accordés à ceux qui supper-
tent les charges imposées directement sur ces
produits.

Il est facile de prouver, à tout homme impar-
tial, que cette seule loi rétablirait l'ordre dans
les finances ; peu de mots suffiront pour établir
clairement cette démonstration.

Tout le monde sent qu'on pourrait réduire infiniment les dépenses de l'Etat sans nuire au service public, et que l'ordre serait facile à rétablir
dans les finances si les économies praticables
étaient effectuées.

Or, nous demandons :

1° Pourquoi les économies qui pourraient être faites n'ont pas encore été obtenues ?

La raison est que la très-grande majorité de la chambre des députés est plus intéressée au maintien et même à l'accroissement de l'impôt qu'à sa diminution, parce que la portion du revenu de la très-grande majorité des députés provenant des appointements et des gratifications qu'ils touchent, est plus considérable que celle qu'ils tirent de leurs propriétés.

Nous avons fait, avec le plus d'exactitude qu'il nous a été possible, l'aperçu comparatif des revenus que les députés de la présente session tirent de leurs propriétés et des sommes que leur produisent annuellement les appointements des places qu'ils occupent, et ces dernières sommes nous ont paru être à peu près doubles des premières ; en ajoutant à cet aperçu celui relatif à la fortune des enfants de ces députés, il se trouve que la somme touchée par les députés et par leur famille, sur le trésor royal, est à peu près triple de celles qu'ils tirent de leurs propriétés. Donc leur intérêt à empêcher que la recette du trésor royal diminue est infiniment plus grand que celui qui les porte à réduire l'impôt, puisqu'en diminuant l'impôt ils tarissent la principale branche de leurs revenus.

Nous demandons ensuite comment on pourrait composer la chambre des députés de manière que, d'une part, elle fût intéressée au maintien de l'ordre, et que d'une autre elle se trouvât poussée par l'intérêt particulier de ses membres à réduire l'impôt le plus qu'il serait possible?

Et à cette seconde demande nous répondons que la loi que nous proposons nous paraît propre à atteindre ce but de la manière la plus prompte et la plus complète qu'on puisse désirer.

Car les industriels sont la classe de la société qui est la plus intéressée au maintien de l'ordre. Le désordre vient-il du dehors, la guerre a-t-elle lieu? Les fermiers du pays qui en devient le théâtre sont entièrement ruinés : leurs granges sont pillées, leurs bestiaux sont mangés ; tandis que les propriétaires en sont quittes pour la perte de quelques années de revenu. Dans les villes, les magasins des marchands sont vidés et la fortune qu'ils possèdent leur est enlevée en totalité; tandis que les propriétaires de maisons en sont quittes pour la perte de quelques loyers, à moins de cas d'incendie; et dans ce malheur extrême, il leur reste au moins le terrain sur lequel leurs maisons étaient construites. Les insurrections populaires, les désordres intérieurs produisent les mêmes effets.

En second lieu, les industriels forment la seule classe de la société qui soit intéressée, sous tous les rapports, à réduire l'impôt, et qui ne puisse retirer aucun avantage de son augmentation; puisque leurs occupations ne leur laissant pas le temps de remplir les emplois publics lucratifs, jamais la dépense du trésor public ne peut tourner directement à leur profit.

Nous nous croyons donc suffisamment autorisés à conclure que l'adoption du projet de loi, que nous avons présenté en tête de ce paragraphe, aurait pour effet certain de rétablir promptement l'ordre dans nos finances.

§ III

Second projet de loi.

Ce second projet de loi a pour objet de régler les conditions auxquelles les propriétaires de terre pourront confier à des mains étrangères la culture de leurs propriétés.

Il existe en ce moment, en Angleterre, un

grand nombre d'accords volontaires, entre les propriétaires de terres et des entrepreneurs de culture, dont la condition spéciale est celle que nous allons exposer.

La terre, qui est l'objet de l'accord en question, est contradictoirement estimée par les parties, à l'époque de la mise en possession du cultivateur; elle est également estimée à l'époque de l'expiration de la société, et le cultivateur partage avec le propriétaire les bénéfices dans le cas d'amélioration du capital, et supporte la moitié des pertes dans le cas de sa détérioration.

Les conventions de cette espèce sont évidemment avantageuses, d'une part, aux propriétaires, puisqu'elles tendent à augmenter la valeur de leurs propriétés ; et de l'autre, à la nation, puisqu'elles donnent pour résultat un accroissement de produits nationaux et par conséquent une addition de richesses nationales.

La première disposition de la loi que nous proposons aurait pour objet de stipuler que tous les baux qui seraient passés à l'avenir entre les propriétaires de terres et les fermiers ne seraient obligatoires, pour les parties, que dans le cas où ils contiendraient la convention exposée ci-dessus.

Une seconde disposition de cette loi autoriserait le cultivateur à requérir le propriétaire d'emprunter les sommes qui seraient utiles pour faire les améliorations dont la propriété serait susceptible, en hypothéquant, à cet effet, cette propriété, et à lui confier l'administration des capitaux résultant de ces emprunts.

Par une troisième disposition, cette loi stipulerait que, dans le cas où le propriétaire refuserait son consentement aux emprunts demandés par l'industriel agricole qu'il se serait associé, des arbitres seraient chargés de régler le différend et de décider si l'emprunt est utile ; cas dans lequel le propriétaire serait obligé d'y consentir.

Et nous nous croyons autorisé à conclure que cette loi aurait pour résultat un prompt accroissement de la fortune des propriétaires de terres et par conséquent une augmentation du capital territorial de la nation.

§ IV

Troisième projet de loi.

Cette troisième loi aurait pour objet de mobiliser les propriétés territoriales.

Il aurait été impossible à la France de se procurer les ressources énormes qui lui ont été nécessaires dans les circonstances présentes, pour garantir son territoire de l'occupation entière des troupes étrangères, si sa dette publique n'avait pas été mobilisée.

La mobilisation des propriétés territoriales est le seul moyen à la disposition de la nation, de procurer à l'industrie les capitaux dont elle a besoin pour se couvrir des pertes incalculables qu'elle a essuyées, et pour se trouver en état de supporter les charges qui lui sont encore imposées.

L'expérience a prouvé que la mobilisation des propriétés territoriales était une mesure très-praticable ; car elle s'est effectuée sans obstacle et sans inconvénient, dans une partie des États du roi de Prusse.

Cette mesure n'a pas procuré au pays dans lequel elle a été adoptée tous les avantages qui auraient pu en résulter, parce qu'elle n'a point été calculée dans l'intérêt de l'agriculture et des agriculteurs ; mais en combinant (ainsi que nous l'avons conçu) la loi qui l'établira avec les deux autres lois dont nous avons présenté les projets avant de proposer cette dernière, elle donnera certainement des résultats très-utiles. Tout homme habitué à réfléchir sur les affaires de cette espèce sentira facilement que cette mesure, ainsi combinée, doit procurer un grand et prompt accroissement des produits territoriaux (qui sont les plus importants de tous), une grande et prompte amélioration dans le sort des cultivateurs, qui forment la classe la plus nombreuse de la nation.

§ V

Conclusion de ce chapitre.

Si le Parlement rend, dans la présente session, les trois lois que nous proposons ;

Si le Roi casse le Parlement actuel après qu'il aura rendu ces lois ;

Si le Roi convoque trois mois après un nouveau Parlement :

La France sera préservée du déluge de maux dont elle est menacée ;

Les esprits sortiront promptement de l'espèce d'apathie dans laquelle les a plongés la perspective malheureuse qui se présente à eux et à laquelle ils ne voient pas de remède ;

Les Français deviendront ardents dans la direction industrielle, et l'industrie française, c'est-à-dire la nation française, prospérera avec une rapidité qui étonnera l'univers, qui l'étonnera elle-même , car les trois lois que nous proposons lui procureront tous les moyens de prospérité qu'elle peut désirer.

La première de ces lois l'investira des pouvoirs politiques nécessaires pour établir l'économie désirable dans l'administration des affaires publiques, et pour supprimer toutes les dépenses qui ne sont utiles, ni pour le maintien de l'ordre ni pour la prospérité de la nation.

La seconde et la troisième procureront à la France tous les capitaux nécessaires pour mettre en activité les forces physiques et morales des citoyens; et elles placeront ces capitaux dans les mains des industriels, seuls capables de les faire fructifier.

CHAPITRE IV

—

ACCROISSEMENT DES PRODUITS AGRICOLES, QUI RÉSULTERAIT
DE LA MESURE PROPOSÉE.

§ Ier

Importance de l'*Industrie agricole* comparativement à toutes les autres branches de l'*Industrie*.

L'*industrie* agricole est, à elle seule, infiniment

plus importante que toutes les autres branches de l'*industrie* prises ensemble. Si on établissait d'une manière générale (c'est-à-dire, en envisageant à la fois tous les travaux de l'espèce humaine) les rapports qui existent entre les produits de l'*agriculture* et les produits de toutes les fabrications, et de tous les genres de commerce, on trouverait certainement que les premiers sont au moins cent fois plus considérables.

En *Angleterre,* où l'activité du commerce et de la fabrication a été poussée plus loin que dans aucun autre pays, l'*agriculture* est encore trois ou quatre fois plus riche que tout le surplus de l'*industrie.*

En *France*, tous les produits du commerce et de la fabrication réunis ne s'élèvent pas à plus du *septième* ou même du *huitième* des produits *agricoles.*

Ainsi, tout progrès de l'*agriculture*, en *France,* procurerait à la *nation* un accroissement de produits, et par conséquent de richesses sept à huit fois plus considérables qu'un progrès semblable dans les autres branches de l'*industrie.*

C'est donc sur l'*agriculture*, par-dessus tout, que doit se fixer l'attention publique, et par conséquent les calculs et les méditations du public[1].

§ II

Etat de l'agriculture en *France*.

Quoique l'*agriculture* ait fait, en *France*, de grands progrès depuis la *révolution,* elle est encore dans l'enfance, en comparaison de l'état où elle se trouve en *Angleterre* et dans la *Belgique,* ce qui a été constaté par l'ouvrage d'*Arthur Young* : ce célèbre cultivateur a prouvé d'une manière très-exacte et très-détaillée :

1° Que les *produits agricoles* de la *France* seraient doublés, si elle était aussi bien cultivée que l'*Angleterre ;*

2° Que l'*agriculture* ferait, en *France,* les

---

1. Si on avait dépensé pour l'*agriculture* les sommes qui ont été sacrifiées pour établir les *colonies* et pour les conserver, la *France* serait aujourd'hui quatre fois plus riche. L'ancien *gouvernement* s'est conduit à cet égard d'une manière absurde, et le nouveau *gouvernement,* qui n'est autre chose que l'ancien légèrement amélioré, s'est jeté encore, l'année dernière, dans des dépenses considérables pour réoccuper *Pondichéry,* sans songer qu'il n'aurait aucun moyen de le défendre si les *Anglais* voulaient s'en emparer ; ce qu'ils ne manqueront pas de faire à la première occasion.

plus rapides progrès, si les cultivateurs pouvaient se procurer les capitaux dont ils ont besoin.

§ III

Effet qui résulterait pour l'agriculture de la mesure que nous proposons.

Nous venons d'établir : 1° que l'*agriculture* donnait, à elle seule, environ les *sept huitièmes* des produits nationaux ; 2° que les produits *agricoles* doubleraient en peu d'années, si les *agriculteurs* pouvaient se procurer les capitaux qui leur sont nécessaires.

La mesure que nous proposons mettrait à la disposition des *cultivateurs français* une somme de *trente milliards;* elle ferait un capital tout entier productif du sol de la *France,* qui est aujourd'hui un capital presque mort ; d'où il suit que, par la force de cette mesure, la richesse *territoriale* de la *France* serait doublée en peu d'années.

Et qu'on ne nous dise pas que les *cultivateurs* ne trouveraient pas à emprunter ; ils jouiraient, à cet égard, des mêmes avantages que les *manufacturiers* et les *négociants,* puisque la loi les aurait assimilés à ces derniers pour les droits dont ils jouissent à l'égard de leurs *bailleurs de fonds*, et qu'elle aurait rendu facile et peu dispen-dieux le transport des propriétés territoriales.

§ IV

Banques territoriales.

L'*utilité* dont seraient les *banques territo-riales* est généralement sentie en *Europe*, mais plus particulièrement dans certains pays, et no-tamment en *France*, où l'on a tenté de former des établissements de ce genre.

Pourquoi ces établissements n'ont-ils pas réussi ? C'est uniquement par la raison que les formalités pour les transports volontaires des propriétés territoriales, ainsi que l'expropriation des propriétaires territoriaux qui ne remplissent pas leurs engagements, sont trop longues et trop coûteuses. Mais une fois que ces mauvaises dis-positions législatives, relativement à l'établisse-ment de la *propriété territoriale*, seraient ré-formées (ce qui est l'objet de la mesure que nous ayons proposée), l'établissement des *banques territoriales* deviendrait facile et d'un succès infaillible.

Ainsi, nous le répétons, cette mesure procurerait aux cultivateurs tous les capitaux dont ils peuvent avoir besoin.

§ V

Banques particulières.

Les mêmes raisons qui rendraient possible l'établissement des *banques territoriales* détermineraient les *banquiers particuliers* à rechercher la correspondance des *cultivateurs* avec autant d'empressement que celle des *négociants* et des *fabricants*.

Qu'on réfléchisse un moment à l'accroissement énorme d'occupations que cette mesure procurerait à la *banque:* une somme de plus de *trente milliards* versée à la fois dans les affaires ! dans les affaires qui passent presque toutes par les mains des *banquiers* et qui, par leur nature, ressemblent à ces matières onctueuses que la main ne touche jamais sans en conserver quelques traces.

Cette mesure, si avantageuse aux *agriculteurs*, le serait donc également aux *banquiers :* nous désirons bien vivement que ces derniers fixent à la fois leur attention et sur les bénéfices qu'elle leur procurerait et sur la grande utilité publique qu'elle doit produire, car ils ont en main toute la force et tous les moyens nécessaires pour la faire adopter.

Et en effet, le *gouvernement* actuel ne pourrait subsister s'il ne trouvait pas à emprunter, et si les *banquiers* ne s'employaient à lui procurer les fonds dont il a besoin ; donc les *banquiers* pourraient forcer le *gouvernement* à l'adoption de la mesure proposée ou de toute autre qu'ils auraient jugée nécessaire et à laquelle le *gouvernement* ne se prêterait pas de bonne grâce.

La science de la *banque* ou des *finances* (car ce n'en est qu'une) est encore dans l'enfance. Les *banquiers* ne se sont même pas encore aperçu qu'il y a plus à gagner pour eux avec les *peuples* qu'avec les *rois;* ils ne se sont pas encore aperçu qu'il leur serait plus avantageux de prêter leur appui aux *peuples*, pour forcer les *rois* à rester dans l'*intérêt national,* que de soutenir les intérêts des *rois* qui sont, hélas ! bien plus souvent qu'on ne le remarque, contraires aux *intérêts nationaux*.

Pitt a été le véritable fondateur de cette science : son discours pour établir la *taxe* sur les *revenus* en a été le point de départ. Toutefois, la question que *Pitt* a traitée, la seule grande question de *finance* qu'on ait encore discutée, n'est elle-même, dans le fait, qu'une question particulière dans l'économie politique, puisqu'elle n'a pour objet que de prolonger, au moyen d'un système d'anticipations perfectionnées, l'existence des *gouvernements* actuels tels qu'ils subsistent.

La question générale serait (si on la considère dans l'*intérêt national*) de chercher les moyens d'établir le gouvernement le moins coûteux et le plus favorable à la production, et (si on la considère dans l'*intérêt particulier* des *banquiers*) elle aurait pour objet de donner aux affaires le plus d'importance, d'activité et de solidité possible, puisque les *banquiers* gagnent dans la proportion de l'importance des affaires qui se font et que toutes leur passent par les mains.

CHAPITRE V

EFFETS DE LA MESURE PROPOSÉE SUR L'ADMINISTRATION
ET LES FRAIS DE LA JUSTICE.

§ Ier.

Ce que coûte aujourd'hui l'*administration* de la *Justice*.

Le payement de plus de *huit mille* JUGES

qu'il y a en *France* (1) n'est qu'une extrêmement petite partie des sommes dépensées par le public pour faire juger les discussions d'intérêts qui s'élèvent entre les citoyens.

Si on ajoute aux appointements des *juges* et aux *frais* du *ministère* de la *justice* l'argent qui est gagné tous les ans par les *avocats*, par les *procureurs*, par les *greffiers*, par les *huissiers*, par les *secrétaires* des *avocats*, par les *copistes* de procédures, enfin par cette foule d'*agents* dont le métier est de suivre les affaires auprès des tribunaux, etc., etc., on verra que les sommes dépensées annuellement par les *Français* pour faire juger leurs procès montent à plusieurs *centaines* de *millions*.

Ce n'est pas tout. La mauvaise administration de la justice cause encore des pertes d'un autre genre qui ne sont pas moins importantes.

Les *trois* ou *quatre cent mille légistes*, *apprentis légistes*, ou *servants* de *légistes*, qu'il y a en *France,* sont autant d'hommes qui ne produisent rien, et sont par conséquent à

---

1. Les personnes qui voudront prendre la peine de faire, dans l'*Almanach royal*, le relevé des *juges* attachés aux différents tribunaux, acquerront la preuve que nous n'exagérons point en disant qu'il y a plus de *huit mille juges* en France.

charge à l'*industrie,* qui les nourrit, les loge, les vêtit gratuitement ; et ce n'est pas seulement de l'action physiquement et moralement utile qui pourrait être exercée par ces *quatre cent mille individus* que la *nation* se trouve privée, elle a encore à regretter le mauvais emploi, l'emploi improductif de tous les capitaux qui leur appartiennent. Or, ces capitaux sont un objet extrêmement important ; ils montent en *France* à plusieurs *milliards.*

§ II.

Comparaison des *Tribunaux civils* et des *Tribunaux* de *commerce.*

Les *tribunaux civils* et les *tribunaux* de *commerce* diffèrent essentiellement entre eux, et dans leur *composition,* et dans leur *manière* de *procéder* à l'examen des affairés, comme aussi à l'égard de l'esprit dont les juges qui les composent sont animés.

Les *tribunaux* de *commerce* considérant presque toutes les affaires, *principalement* quant au *fond,* et *accessoirement* quant à la forme, ils ont toujours pour objet de concilier les parties et de terminer les différends de la manière la plus prompte et la moins coûteuse. La dépense causée par ces *tribunaux,* soit à la charge du trésor public, soit à la charge des parties, est fort modique; les juges ne sont point payés; ils exercent tous une autre profession que celle de juger; ils sont tous en activité de commerce ou retirés du commerce.

Les juges des *tribunaux civils* sont tous payés plus ou moins chèrement. Le *chancelier,* qui est leur chef, a un traitement énorme. Ces juges envisagent presque toujours les discussions qui leur sont soumises, *principalement* sous le rapport des formes, *accessoirement* sous le rapport du *fond.* Ils laissent les *avocats* se livrer, tant qu'ils veulent, à leur loquacité et discuter, aussi longuement qu'il leur plaît, toutes les questions accessoires, même les plus minutieuses. On dirait qu'ils s'entendent tous, *juges, avocats, procureurs,* pour rendre les procès éternels et ruineux; mais, en effet, ne sont-ils pas tous animés du même *esprit* de *corps,* depuis le dernier *clerc* jusqu'au *chancelier* ?

Les *juges* des *tribunaux civils* ne font et n'ont fait, dans leur vie, d'autre métier que celui de *juger* ou *plaider :* leur plus grand intérêt est dans le plus grand nombre de procès; ils n'ont que ce moyen d'accroître ou de conserver leur importance sociale. Cet esprit et cette disposition sont absolument contraires à l'esprit et à la disposition des *juges* qui composent les *tribunaux de commerce* ; tous ayant, ou ayant eu d'autres occupations, tous possédant, ou ayant possédé d'autres moyens d'acquérir de la considération et des richesses.

Une chose importante à observer, c'est qu'il existe une espèce de lutte entre ces deux ordres de *tribunaux,* et que le plus souvent, dans cette lutte, ce sont les *tribunaux civils* qui, malheureusement, ont le dessus.

Les *tribunaux* de *commerce* renvoient au jugement d'*arbitres,* nommés par les parties, la décision d'une grande quantité d'affaires. Qu'arrive-t-il ? Toutes les fois qu'après un *jugement arbitral* prononcé, la partie condamnée veut faire casser ce jugement, quelque juste qu'il soit, elle trouve une multitude d'*avocats* prêts à plaider d'une manière conforme à ses désirs, et des *tribunaux civils* tout disposés à casser un *arbitrage* où ils voient un empiétement sur leurs droits. En un mot, presque tous les *jugements* par *arbitres* dont on appelle aux *tribunaux civils* sont annulés, et une affaire sur le fond de laquelle le *sens commun* avait porté son jugement est remise en discussion et presque toujours jugée, définitivement, dans le sens contraire [1].

Une fois que les *propriétés territoriales* seraient devenues des *propriétés industrielles*, toutes les affaires d'intérêt civil ressortiraient naturellement des *tribunaux* de *commerce*, d'où il résulterait, comme il est facile de le conclure, que toutes les affaires, au lieu de coûter des sommes énormes pour être très-mal jugées, seraient très-bien jugées et à très-peu de frais.

[1]. Les mêmes observations sont applicables aux tribunaux criminels.

Les *tribunaux criminels* peuvent être organisés à l'instar des *tribunaux civils* ou dans le même esprit que les *tribunaux de commerce* : dans le premier cas, ils sont très-longs à juger les affaires, fort minutieux dans le choix des motifs qui déterminent leurs jugements, et très-sévères dans leur manière de juger ; dans le second, ils jugent rondement, promptement, et ne se laissent guider que par le sens commun : dans le premier cas, ils sont très-dispendieux ; dans le second cas, ils ne coûtent rien.

Les *tribunaux criminels*, en France, étaient organisés, avant la révolution, à la manière des tribunaux civils ; aujourd'hui ils sont composés comme les tribunaux de *commerce*. Les jurés sont des *arbitres*, chargés de prononcer entre la partie publique et le prévenu.

Nota. — Une chose digne de remarque, c'est l'aversion que tous les gens de loi montrent pour l'institution du jury, les efforts qu'ils ont déjà faits pour la renverser, et ceux qu'ils font dans toutes les affaires criminelles pour *amener les jurés à considérer les objets de la manière fausse dont ils sont habitués à les envisager.*

CHAPITRE VI

—

§ Ier.

Importance politique des Légistes en France.

Le *gouvernement* des *affaires* de la *nation française* est divisé en *sept ministères* ou *départements*. Or, de ces sept ministères, il y en a dans ce moment *cinq* de remplis par les *légistes*.

Dans le *Conseil d'État,* les *légistes* se trouvent en grande majorité.

Dans la Chambre des députés, l'opinion des légistes est bien certainement l'opinion prépondérante.

Dans les *élections,* les *légistes* ont un ascendant tel, que si leur opinion n'était pas influencée par le *gouvernement* , dont ils se regardent comme des servants et des agents, les nominations seraient en totalité de leur choix. Nous ferons cependant observer que depuis la loi des élections, on doit excepter de ce que nous venons de dire les villes de *commerce,* mais cette exception n'est pas très-importante, puisqu'il n'y a guère plus d'un *huitième* de la population qui se livre à des travaux d'*industrie commerciale* et *manufacturière*.

Les *légistes* qui sont consultés par les habitants de la campagne pour toutes leurs affaires particulières usent du crédit que cela leur donne sur eux pour diriger leur opinion politique. Les *marchands* et les *fabricants* qui habitent la campagne, et qui sont en très-petit nombre (presque tout le *commerce* se faisant dans les villes, où la plupart des manufactures sont également établies), sont les seuls dont l'esprit se trouve dans un état d'indépendance politique à l'égard des *légistes*.

Si on examine dans toutes les sociétés particulières dont la réunion forme ce qu'on appelle la *bonne compagnie,* les jugements qui sont portés sur chacune des *questions politiques* qui fixent successivement l'attention publique; si on remonte jusqu'à l'origine de ces jugements, jusqu'à leur formation primitive, on verra qu'ils sont presque tous sortis du cabinet de quelque *avocat* ou de quelque *notaire*.

Il est possible de mesurer d'une manière exacte l'*importance politique* des *légistes*, comparativement à celle des autres corporations ; elle est des sept *huitièmes;* c'est-à-dire que les *légistes* exercent à eux seuls les *sept huitièmes* de toute l'influence politique, et voici ce qui le prouve :

Sur la masse des propriétés possédées par la *nation française,* que nous supposons s'élever à *quarante milliards* pour pouvoir exprimer en nombre rond la proportion que nous avons à établir, il y a *trente-cinq milliards* de *propriétés immobilières* et *cinq milliards* seulement de celles réputées mobilières [1]. Or, les *légistes* sont les seuls en état de donner des conseils utiles sur les moyens d'acquérir solidement des *propriétés immobilières*, les seuls qui puissent indiquer les moyens de les défendre quand elles sont attaquées, vu l'épouvantable *complication* des dispositions législatives relativement à l'éta-

[1]. L'expression *propriété mobilière* et *immobilière* pourrait induire en erreur ceux qui ne se sont point occupés de ces matières. Il serait naturel de croire que tous les *objets* qui ne peuvent pas se transporter sont des propriétés immobilières, et que tous ceux qui peuvent se transporter sont des propriétés mobilières. Or, cela n'est pas toujours vrai. Souvent l'expression n'a pas pour but de désigner la nature des *objets*, mais la manière dont on peut transporter la *propriété* de ces *objets*.

Nota. — En Allemagne et en Angleterre les légistes n'ont peut-être pas autant d'importance qu'en France, mais la science qu'ils professent en a beaucoup plus, puisque l'étude du droit fait partie de l'instruction donnée à toutes les personnes dont l'éducation est soignée.

blissement des *droits* de *propriété,* ce qui exige qu'on en fasse une étude particulière.

Du moment donc où il est manifeste que les *légistes* dirigent à eux seuls les *sept huitièmes* des actions sociales, il s'ensuit incontestablement, qu'armés ainsi du puissant levier de l'intérêt, ils sont en *France* les régulateurs de l'*opinion publique* pour tous les objets qui concernent la politique.

L'*influence* qu'ils exercent sous ce rapport est une véritable *calamité publique,* puisque, indépendamment de tous les inconvénients que nous avons déjà prouvé en être le résultat, il en résulte encore un bien plus grand et plus général, c'est que les *légistes* tendent toujours à empêcher l'activité des *industriels agricoles* de se développer, en s'efforçant de rendre la condition du *bailleur* de *fonds* meilleure que celle du *travailleur.*

§ II.

Services rendus par les *Légistes*.

Quoi qu'il en soit de ce que nous venons de dire sur les *légistes* et des dangers que nous voyons à les laisser jouir de l'influence qu'ils exercent, on doit aussi les considérer sous un autre point de vue, et envisager la question sous toutes ses faces ; disons donc notre pensée tout entière et retournons franchement la médaille.

Si nous avons improuvé l'institution des *tribunaux civils,* si nous avons trouvé l'esprit des *légistes* peu libéral, c'est que nous avons comparé les *tribunaux civils* avec les *tribunaux de commerce,* et l'esprit politique des *légistes* avec celui des *industriels;* mais si nous comparons les *tribunaux civils* et l'esprit actuel des *légistes* à la *justice* telle qu'elle fut administrée par les *Francs* vainqueurs, après leur établissement complet dans les *Gaules,* et à la *morale* de ces *juges primitifs*, ensuite et successivement avec les *cours féodales, royales* et *seigneuriales* qui se sont établies, avec les *parlements* enfin, nous trouverons les *tribunaux civils* qui existent aujourd'hui des institutions très-libérales, et les *légistes* actuels dirigés par les principes d'une très-bonne morale ; nous trouverons que c'est au *corps* des *légistes* que nous sommes principalement redevables de la destruction du *despotisme militaire;* ce sont les légistes qui ont soustrait les contestations qui s'élèvent entre les citoyens à des jugements arbitraires ; ce sont

eux qui ont établi l'entière liberté des plaidoiries,
et, certes, ils ont mérité par ces travaux une place
honorable dans l'histoire des progrès de l'esprit
humain.

En résumé, nous pensons que l'institution de
l'*ordre judiciaire* a été fort utile, mais qu'aujourd'hui elle est nuisible ; qu'elle retarde les progrès de la *civilisation,* et que cette institution
peut et doit être remplacée, dans toutes ses parties, par des *tribunaux industriels* qui ne sont
autre chose que des *arbitrages,* seule jurispru-
dence nécessaire quand il n'existera plus d'autres
propriétés que des *propriétés industrielles ;*
ce qui serait la conséquence naturelle de la mesure que nous proposons.

Enfin, nous pensons qu'il reste encore aux
légistes un grand service à rendre à la *société,*
c'est de mettre en évidence les inconvénients de
cette même mesure, s'ils trouvent qu'il en peut
résulter quelques-uns ; cette controverse ne saurait manquer d'exciter les *publicistes* à perfectionner l'idée dont nous présentons le premier
aperçu.

Si la mesure dont il s'agit est réellement
bonne et qu'elle donne les moyens de supprimer
presque tous les frais de justice ; si, par consé-

quent, elle est très-nuisible aux *légistes* (*en tant que légistes*), puisqu'elle anéantirait la profession qui les fait vivre et qui leur procure une grande considération, une discussion s'élèvera naturellement entre eux et nous, c'est-à-dire entre les *légistes* et les *industriels*, d'une part sur l'utilité, de l'autre sur les inconvénients de cette même mesure, dans l'intérêt national.

Cette discussion sera utile sous deux rapports : le premier, qu'elle mettra en évidence la supériorité des principes de l'*économie politique* sur ceux du *droit civil ;* car il ne suffit pas qu'une vérité soit prouvée, il faut encore qu'elle soit discutée, ce qui ne saurait avoir lieu utilement que lorsqu'il y a, comme ici, des intérêts majeurs en opposition ; le second, qu'elle fera connaître toutes les précautions à prendre pour éviter, le plus possible, les divers inconvénients qui existent presque toujours pendant que s'opèrent les changements les plus avantageux dans les lois et dans les usages.

Le *peuple anglais* travaille depuis plus de *cent cinquante ans* à se procurer la *liberté* et à l'établir d'une manière solide ; tout le surplus de la nation des *vieux Européens*, tous ceux qui habitent le continent, s'occupent depuis *trente ans* de la même recherche, et le moyen naturel, celui de *reconstituer* la *propriété,* ne s'est présenté à aucun d'eux.

Les intérêts des *industriels* sont évidemment en opposition avec ceux des *militaires* et des *légistes* leurs agents ; et les *industriels,* au lieu de charger les *publicistes libéraux* de discuter leurs intérêts contre les *légistes,* ont, jusqu'à présent, constamment chargé ces mêmes *légistes* du soin de faire valoir leurs droits ; tant il est vrai, pour les *nations* comme pour les individus, que l'idée la plus simple et la meilleure est malheureusement celle qui se présente la dernière à leur intelligence.

CHAPITRE VII

COUP D'ŒIL SUR L'HISTOIRE DES TRIBUNAUX.

Il est dans la nature de l'homme d'aimer à connaître le *pourquoi* des choses qui fixent son attention ; nous croyons donc faire une chose agréable à ceux de nos lecteurs qui ne se sont point occupés de cette recherche, en leur indiquant la cause de la différence essentielle que nous avons établie entre les *tribunaux civils* et les *tribunaux* de *commerce.*

Le caractère que l'homme a reçu de la nature peut être modifié, mais il ne saurait être complétement changé, *dénaturé*. Il en est de même des *institutions* ; elles peuvent être modifiées, mais il n'est pas possible de leur donner un esprit contraire à celui qu'elles ont reçu de leurs fondateurs ; elles agissent, tant qu'elles existent, avec plus ou moins d'énergie, d'après l'impulsion et dans la direction qu'ils leur ont données.

Ainsi, en remontant jusqu'à l'origine d'une institution, en observant l'esprit qui lui a été donné lors de sa fondation, on est sûr de découvrir la *raison* de la conduite qu'elle tient, de la marche qu'elle suit et des effets qu'elle produit.

Nous allons donc remonter à l'*origine* des *tribunaux civils* et à celle des *tribunaux* de *commerce :* nous donnerons aussi un coup d'œil aux principales modifications que ces institutions ont subies depuis leur formation.

§ I.

Origine de ces tribunaux.

Toutes les lois que les *Gaulois* avaient pu établir ont été anéanties par les *Francs*, quand ils ont fait la conquête des *Gaules*. Ces vainqueurs ne se sont pas bornés à prendre toutes les *propriétés* des vaincus : ils ont renouvelé les *lois constitutives*, ou protectrices, de la *propriété ;* et comme ils sont restés, jusqu'à ce jour, en possession de leurs conquêtes, le *pouvoir judiciaire* actuel est naturellement celui qu'ils ont établi ou laissé subsister, en un mot celui qui leur convenait et qui leur convient encore.

Ils avaient établi un *tarif* d'après lequel tous les *délits criminels* étaient rachetables. Ainsi, le meurtre d'un *Franc* par un *Franc,* d'un vilain par un *Franc,* d'un *Franc* par un *vilain*, d'un *vilain* par un *vilain* avait son prix ; les blessures avaient leur prix suivant leur gravité ; et comme une grande partie de ces *amendes* tournait au profit des *cheffetins*, entre lesquels le sol des *Gaules* avait été partagé, pour en jouir à titre de bénéfices militaires, tous avaient soin d'exploiter eux-mêmes ce droit de rendre la justice.

Au reste, à cette époque, il ne pouvait guère exister de *délits civils*, parce qu'il n'existait, pour ainsi dire, qu'une seule espèce de *propriété*, celle des *terres,* à laquelle étaient attachés les *habitants* et tout ce qu'ils pouvaient posséder. Or, ces *propriétés* se trouvant toutes entre les mains de *militaires* toujours armés, donnaient lieu naturellement à des *guerres*, et non à des *procès*. Il est vrai néanmoins que le germe du pouvoir exercé aujourd'hui par les *tribunaux civils* a été implanté par les *Francs*, lorsqu'ils se sont attribué le droit de juger tous les procès, et par conséquent de déléguer à qui bon leur semblerait le soin de remplir pour eux les fonctions de juge.

§ 11

Première modification de cette institution.

Le sol de la *France* avait été partagé, après la conquête, en *bénéfices militaires*, et les *bénéficiers* qui en jouissaient seulement pendant leur vie rendaient la justice.

Quand la *féodalité* s'établit, ces *bénéfices* devinrent héréditaires et susceptibles d'être possédés par les femmes ; le droit de rendre la justice y resta toujours attaché.

Plusieurs causes contribuèrent, à cette époque et dans les temps qui la suivirent, à rendre l'*administration* de la *justice* beaucoup plus compliquée.

Les *tribunaux ecclésiastiques* s'établirent,

et il en résulta des *questions* sur la *compé-tence*.

Des lois sur les *affranchissements* accrurent le nombre des *propriétaires* et la quantité des objets considérés comme *propriétés particu-lières*.

La découverte du *code* de *Justinien* fit admettre plusieurs principes de *droit ;* et l'adoption de ce *droit romain,* qui fut consigné dans les universités, fonda une *science* du *droit,* jusque-là inconnue.

La complication qui résulta de ces différentes causes dans l'*administration* de la *justice* détermina tous les *seigneurs justiciers* à s'adjoindre, pour conseillers, des *légistes.* Ils prirent aussi, dans cette dernière classe, les *baillifs,* qu'ils chargeaient du soin de rendre la justice pendant leur absence.

Enfin, à cette époque, il commença à exister des *tribunaux* qui étaient tout à la fois *civils.*et *criminels.*

§ III

Seconde modification.

Le pouvoir du *roi* et celui des *grands vas-*

saux avaient été en lutte continuelle depuis l'époque de la conquête, et les deux partis avaient eu alternativement l'avantage. *Louis XI* assura la supériorité au *pouvoir royal* par des moyens atroces ; mais ce n'est pas ici le lieu d'examiner les *moyens ;* nous n'avons à considérer que leurs résultats.

Depuis *Louis XI* jusqu'à *Louis XIV*, les *tribunaux civils royaux* ont regardé comme le principal objet de leur institution d'envahir les *justices seigneuriales* et d'accroître le pouvoir de leur maître. Les procès des particuliers étaient leur moindre affaire, et les jugements à rendre la moins honorable de leurs fonctions.

C'est à la fin de cette époque que le corps des *avocats* s'est établi : ils ont d'abord été appelés *conseillers* ; ils eurent aussi le titre d'*avocats du roi,* c'est-à-dire qu'ils furent chargés à la fois des intérêts du *roi* et de ceux des particuliers.

Nous ne prétendons pas que les *tribunaux suprêmes* ou *parlementaires* aient toujours donné gain de cause au *roi ;* nous nous plaisons à reconnaître de leur part un grand nombre de jugements favorables à la *nation*, et même quelques traits d'héroïsme ; mais nous persistons à dire que les *légistes*, depuis l'origine, se sont crus principalement chargés de conserver entre les mains du *roi* les pouvoirs acquis par les *Francs* sur les *Gaulois*.

§ IV

Troisième modification.

Depuis que les *états généraux* avaient cessé de s'assembler et que l'accroissement énorme du *pouvoir royal* annonçait qu'il n'en serait plus jamais question, l'esprit des *tribunaux* s'était un peu amélioré ; ils avaient acquis une sorte d'indépendance parce qu'ils s'étaient mis à se considérer comme une *commission permanente* chargée de représenter les *états généraux*. Mais, d'un autre côté, cette amélioration était bien compensée par cette espèce de despotisme qu'ils exerçaient à l'égard des individus, et qui résultait naturellement de la permanence de leurs fonctions.

§ V.

État actuel de l'institution

Nous avons déjà dit ce que nous pensons des *tribunaux civils* actuels ; il ne nous reste à ajouter que ce qui résulte pour les *juges* qui composent actuellement ces *tribunaux*, de l'esprit qu'ils ont reçu de leurs devanciers et qui est évidemment un *esprit* de *domination*, parce que l'*institution* a été formée par les *Francs* et imposée aux *Gaulois* par leurs vainqueurs.

L'*esprit* de *civilisation* est cependant celui qui devrait animer les *tribunaux* ; l'ambition de jouer un rôle politique, c'est-à-dire de *dominer*, est celui qui les possède, et il faut que cet *esprit* de *domination* soit bien fort dans le corps des *légistes*, car depuis l'époque où les *états généraux* ont cessé de s'assembler jusqu'à la *révolution*, on les a vus, peu délicats sur les moyens, chercher à se donner de l'*importance politique*, en affectant de représenter les *états généraux*, et à ce titre, entraver autant qu'ils le pouvaient la marche du *gouvernement.*

Aujourd'hui que les établissements politiques ne leur permettent d'espérer aucun rôle important et qu'ils ne peuvent plus remuer pour le *peuple* ou plutôt au nom du *peuple*, ils se montrent voués au rétablissement de l'*ancien régime*, ce qui est assez clair pour ceux qui ont fait quelque attention à leurs jugements dans les affaires d'*opinion politique*, et ce ne sont pas seulement les juges des *tribunaux civils* qui sont, en général, animés d'un esprit contraire aux intérêts de la *nation*, mais le corps entier des *légistes*.

§ VI

Origine des tribunaux de commerce.

Les *marchands* et les *artisans* qui habitaient les villes rachetèrent leur *liberté*, et déterminèrent l'*affranchissement* général des communes, par suite de l'impulsion qu'ils avaient donnée. Or, à cette époque, les *seigneurs*, qui faisaient leur principale résidence dans leurs *châteaux forts*, chargeaient des *baillifs* de surveiller leurs intérêts dans les villes et de juger les procès qui s'élevaient entre les habitants, c'est-à-dire d'exploiter en leur nom cette branche de leurs revenus, la seule alors qui leur procurât quelque argent comptant ; le surplus leur était payé en nature.

De tous les *droits* que les villes rachetèrent, le plus précieux pour elles était celui d'administrer elles-mêmes la *justice*. Des *municipalités* se formèrent et furent chargées de ce soin. Les *membres* en étaient nommés par les citoyens et pour un temps limité. Ils ne remplissaient véritablement que des *fonctions d'arbitres*, et ne furent jamais animés d'un autre esprit. Toute leur affaire était de concilier les intérêts et de chercher la justice.

Telle fut l'*origine* et la *nature* des *tribunaux* de *commerce*, qui d'abord n'étaient autre chose que les *municipalités*.

Il est essentiel d'observer que les *attributions* des *municipalités*, par rapport au *pouvoir judiciaire*, étaient beaucoup plus étendues que ne le sont aujourd'hui celles des *tribunaux* de *commerce*.

§ VII

Modification de l'institution.

L'industrie, devenue libre dans les villes, prit un essor prodigieux et changea bientôt la face de la *société*. De nouvelles jouissances produisirent en foule de nouveaux besoins. Il fallut habiter les villes pour être plus à portée des *richesses industrielles* rendues nécessaires par la vanité ou par l'habitude. Les *seigneurs* quittèrent leurs châteaux ; ils rendirent la liberté à leurs *vassaux agricoles ;* ils vinrent habiter les villes, et leurs *forts* ne furent bientôt plus pour eux que des *maisons de plaisance* où ils allaient passer les beaux jours de l'année.

La présence habituelle des *princes* et des seigneurs dans les villes diminua l'importance des *corps municipaux*, dont ils envahirent une partie des *droits*, de manière que leurs *attributions judiciaires*, d'abord fort étendues et qui comprenaient une grande partie de celles des *tribunaux civils* actuels, furent réduites à juger les cas de *simple police* et les contestations relatives aux objets d'*industrie*. L'*administration* de la *police* est restée aux anciennes *municipalités*; quant aux *contestations industrielles*, elles ont passé aux *tribunaux* de *commerce*, établis postérieurement.

§ VIII

Esprit actuel de l'institution.

L'esprit actuel des *tribunaux* de *commerce* est conforme à celui des *municipalités* dont ils tirent leur origine ; c'est un *esprit* de *conciliation*. Les *juges* de ces *tribunaux* se considèrent comme des *arbitres* chargés de prononcer sur des contestations qui surviennent entre leurs égaux; et la direction politique de leur opinion est nécessairement l'aversion pour les pouvoirs arbitraires et la tendance à l'*égalité*, autant qu'elle est conciliable avec le respect des *propriétés :* esprit bien opposé à celui des *légistes.*

§ IX

Résumé de toutes les considérations présentées dans ce chapitre.

Toutes les affaires peuvent être et doivent être jugées *arbitralement*, même les affaires criminelles qui en paraissent le moins susceptibles.

Toutes les personnes qui exercent les fonctions de *juges* peuvent se livrer à d'autres occupations, car ces fonctions doivent être passagères, pour conserver aux *juges* le caractère d'*arbitre.*

Or, ce bien général serait produit par la mesure proposée, puisqu'alors il n'existerait plus que des *propriétés industrielles*, puisque toutes les contestations civiles seraient justiciables des *tribunaux industriels*, qui jugent *arbitralement.*

CHAPITRE VIII

—

COUP D'ŒIL SUR L'HISTOIRE POLITIQUE DE L'INDUSTRIE.

—

§ I.

Observations préliminaires.

Toute combinaison politique, toute institution, pour être vraiment bonne, doit satisfaire à deux conditions : 1° d'être utile à la *société*, c'est-à-dire de procurer à la *société* des avantages positifs ; 2° d'être en harmonie avec l'état présent de la *société*, d'être appropriée aux idées et aux choses existantes, d'être successivement préparée, en un mot de venir *à propos*. Cette seconde condition, quoique beaucoup moins connue que la première, est néanmoins tout aussi indispensable. C'est par elle seule que les institutions deviennent admissibles, car il n'y a de possible, ou au moins de durable, que ce qui n'est ni au-dessous ni au-dessus de l'état actuel de la *société*, que ce qui n'est point intempestif. C'est là ce qui fonde la principale utilité des *considérations historiques*, car ce n'est que par l'observation philosophique du *passé* que l'on peut acquérir une connaissance exacte des vrais éléments du *présent*.

La condition que nous venons d'établir prescrit donc à celui qui propose une nouvelle mesure politique l'obligation de démontrer, sous peine de n'avoir rempli que la moitié de sa tâche, que cette mesure est en harmonie avec l'état actuel de la *société*, ou pour plus de précision, qu'elle est *amenée* par le *passé* et *réclamée* par le *présent*. C'est pour satisfaire, autant qu'il est en nous, à cette *observation générale*, que nous croyons nécessaire de présenter quelques *considérations supplémentaires*.

Les considérations que nous avons exposées dans les *chapitres précédents*, ainsi que celles du même genre qui se trouveront dans la suite de cet écrit, ont pour but de prouver que la mesure que nous proposons doit procurer un grand accroissement dans la *recette nationale* et une grande diminution dans la *dépense ;* d'où il résulte que cette mesure est utile.

Les *considérations* que nous allons présenter sont d'un autre ordre.

Elles ont pour but de faire voir à la *classe*

industrielle, c'est-à-dire à la *nation,* que la position où elle est graduellement parvenue, doit l'inviter naturellement à adopter la mesure proposée; que ses progrès passés et ses besoins actuels s'unissent pour l'y déterminer ; en d'autres termes, que l'adoption de cette mesure est le pas que l'ordre naturel des choses réserve à l'*industrie* dans le xixe *siècle,* et que ce *pas* est le seul qui reste à faire à l'*industrie* pour se saisir de la *direction* de la *société,* terme constant vers lequel ont tendu tous les progrès que la *classe industrielle* a faits depuis son origine.

§ II

Progrès politiques de l'industrie.

Pour éclaircir les idées politiques des *industriels,* pour connaître ce qu'il convient aujourd'hui à l'*industrie* d'entreprendre pour son perfectionnement social, il est nécessaire de rechercher à quel point l'*industrie* se trouve en ce moment de sa carrière politique ; or, c'est ce qui ne peut se faire que par un coup d'œil jeté sur le *passé,* par une récapitulation sommaire des pas successifs que l'*industrie* a faits jusqu'à présent.

Si l'on remonte dans l'*histoire* de l'*industrie* jusqu'à l'époque des *Grecs* et des *Romains*, on trouve que chez ces *peuples*, la *classe industrielle* était complétement *esclave* de la *classe militaire*.

L'esclavage de l'*industrie* continua sous les *guerriers* du *Nord* qui détruisirent l'*empire romain*, et qui s'établirent dans l'occident de l'*Europe*, à la place des anciens maîtres ou vainqueurs.

Cette révolution, qui paraît, au premier abord, n'avoir consisté pour l'*industrie* que dans un simple changement de maîtres, fut cependant pour elle de la plus grande importance, à raison des suites heureuses de ce changement de domination.

L'esclavage de la *classe industrielle* changea de nature et devint *esclavage* de la *glèbe,* ce qui était une grande amélioration. En outre, les vainqueurs s'étant répandus dans la *campagne,* les *industriels,* qui étaient établis dans les *villes,* ne furent plus soumis à l'inspection immédiate et continue des maîtres, ce qui leur fut encore très-favorable.

Ainsi, pour ces deux motifs, la *conquête* de l'*empire romain* par les *peuples* du *nord* de l'*Europe* produisit le premier perfectionnement notable qui ait eu lieu dans le sort de l'*industrie*.

Le second progrès de la *classe industrielle* consista dans son *affranchissement*.

Les avantages que la destruction de l'*empire romain* procura, comme nous venons de le voir, à l'*industrie,* lui ayant permis de prendre un certain développement, elle parvint graduellement au point de pouvoir racheter sa liberté. Ce rachat est le plus important de tous les pas que l'*industrie* ait faits et de tous ceux qu'elle fera par la suite. C'était le point le plus capital pour elle ; c'est le commencement de son *existence politique,* que nous allons voir se développer.

Ce *pas* important est désigné ordinairement sous le nom d'*affranchissement* des *communes;* et c'est à bon droit qu'on se sert de cette expression, car les *communes* et l'*industrie* sont une seule et même chose : les *communes*, à leur origine, étant composées, en totalité, d'*artisans* et de *négociants* qui s'étaient établis dans les villes. C'est là un *fait* très-essentiel à remarquer et qu'il ne faut jamais perdre de vue, pour se faire une idée juste de ce que nous devons entendre aujourd'hui par les *communes*.

Après que les *industriels* eurent racheté leur *liberté*, leur sort se trouva amélioré, sous ce rapport que chacun d'eux fut soustrait à l'arbitraire direct du *seigneur* dont il dépendait avant le rachat, et ce fut certainement un grand adoucissement pour eux. Mais ces *rachetés* n'en restèrent pas moins en masse dans la dépendance des *prêtres,* des *nobles* et des *militaires ;* ils n'en étaient pas moins obligés de leur donner une grande partie des produits de leurs travaux, et de supporter les fréquentes avanies auxquelles ils étaient exposés de leur part. Voici de quelle manière l'*industrie* s'est délivrée de cette seconde espèce d'arbitraire.

Les privilégiés qui composaient exclusivement la totalité du *parlement*, et qui n'avaient aucune intention de partager les pouvoirs qu'ils exerçaient, imaginèrent d'appeler les *députés* des *communes*, c'est-à-dire de l'*industrie*, pour leur faire rendre compte de ce qu'ils possédaient, afin d'en tirer, en mettant de l'ordre dans la perception, plus qu'on ne pouvait en obtenir par la voie des avanies. Telle est la véritable origine des *communes parlementaires*, lesquelles n'ont aucun rapport avec les *assemblées de soldats* au *champ de mai*, qui ont existé en *France,*

à des époques plus rapprochées de sa *conquête* [1].

L'établissement de cet usage doit être regardé
comme ayant été extrêmement favorable à la
classe industrielle, puisqu'il est le principe de
tous les succès politiques qu'elle a obtenus depuis. Cependant, dans les commencements, les
communes, c'est-à-dire, encore une fois, l'*industrie,* regardaient comme une charge très-désa-
gréable l'obligation où elles étaient d'envoyer des
députés au *Parlement,* parce que ces *députés*
n'y jouissaient d'aucun droit, et que leur mission
se bornait à déclarer à combien se montaient les
richesses de leurs *commettants.* Mais les choses n'en restèrent pas là et ne pouvaient pas en
rester là. L'*industrie,* malgré les avanies et les
vexations de tout genre que la *classe militaire* et
féodale faisait peser sur elle, vint à bout de s'enrichir à force de travail, de patience et d'économie. Elle acquit de l'importance et de la considération, parce qu'elle devint plus nombreuse ;

---

1. On nous reprochera certainement de confondre, dans
notre récapitulation, ce qui s'est passé en France et ce qui
s'est passé en Angleterre. A cela nous répondrons que ce
n'est point une *question nationale,* mais bien une *question
européenne* que nous traitons.

parce que des mariages entre les *industriels* et
les *militaires* associèrent d'intérêts beaucoup
d'individus de la *classe militaire*, à beaucoup de
membres des *communes*. Par ces raisons, par
beaucoup d'autres, et surtout par celle que
l'*industrie* sut faire sentir aux *militaires*, qu'il
lui était possible de tirer d'elle beaucoup plus
d'argent, tout en lui faisant payer moins ; en un
mot, par la *capacité financière* que l'*industrie*
montra et qu'elle présenta aux *militaires* comme
pouvant leur être utile, elle obtint, de ces derniers, que les *communes* auraient *voix délibé-
rative* dans le *Parlement*.

Ce grand pas fait par l'*industrie* mérite bien
de fixer l'attention ; car c'est en quelque sorte le
commencement d'une *nouvelle ère* pour l'espèce
humaine. De ce moment, la *loi* du plus *fort* a
cessé d'être la loi unique ; ou plutôt, la *force* et
la *ruse* ont cessé d'être les seuls éléments qui aient
concouru à la formation de la *loi : l'intérêt général* aussi a commencé à être consulté.

Le pas que l'*industrie* a fait, après celui dont
nous venons de parler, le dernier qu'elle ait fait
jusqu'à ce jour, sous le rapport purement *politique*, est postérieur à la *révolution anglaise*. Il
s'agit de l'usage qui s'est introduit, que la *Cham-*

bre des *communes* votât le *budget*, seule, entièrement seule, et exclusivement à tout autre pouvoir. La grande *révolution* des *Européens* aurait
été terminée dès cette époque, le *régime industriel* et pacifique aurait été établi dans ce moment, si, d'une part, les *communes* d'*Angleterre*
n'avaient été représentées que par des *membres*
de l'*industrie* ; et si, de l'autre, l'*industrie anglaise* avait senti que, par la nature des choses,
elle se trouvait plus intimement liée d'intérêt
avec les *industriels* des autres pays, qu'avec les
Anglais appartenant à la *classe militaire* ou
féodale.

Mais à cette époque, la *féodalité* ayant encore
une très-grande force, et l'*industrie* étant peu
éclairée sur ses intérêts et sur la marche qu'elle
devait suivre, elle se laissa dominer par l'*esprit
féodal* qui est essentiellement un *esprit* de conquête.

L'ordre naturel des choses, la marche de la
civilisation, ont réservé la gloire de terminer
la *grande révolution européenne* à l'*industrie
française* qui, pour avoir fait le pas dont nous
parlons, plus tard que l'*industrie anglaise*, ne
l'a fait que plus complet et plus décisif, ayant obtenu ce succès à une époque à laquelle la *féodalité*

n'a plus de force et où l'*industrie* peut aisément s'éclairer sur ses intérêts et suivre une marche bien calculée.

Nous terminerons là notre *récapitulation* du *passé politique* de l'*industrie*. Donnons maintenant un coup d'œil aux succès civils qu'elle a obtenus depuis que la *chambre* des *communes* s'est trouvée nantie du droit exclusif de voter l'*impôt*.

L'importance que l'*industrie* s'est acquise, depuis cette époque, est incalculable. Elle a tout envahi ; elle s'est emparée de tout. En perfectionnant ses produits, elle a habitué les hommes à des jouissances qui sont devenues, pour eux, des besoins. Mais c'est surtout le *gouvernement* qui est devenu tributaire de l'*industrie* ; c'est surtout lui qui est entré dans sa dépendance. Le *gouvernement* veut-il faire la guerre? Se procurer des *tueurs* n'est pas son principal souci ; c'est à l'*industrie* qu'il s'adresse, d'abord pour avoir de l'argent, et ensuite pour se procurer tous les objets dont il a besoin, et qu'il achète d'elle avec l'argent qu'il a obtenu d'elle. C'est elle qui lui fournit des *canons*, des *fusils*, de la *poudre*, des *habits*, etc., etc., etc. L'*industrie* s'est emparée de tout, même de la *guerre*.

Par un effet heureux et nécessaire des perfectionnements de l'*art militaire,* la *guerre* s'est mise de plus en plus dans la dépendance de l'*industrie,* tellement qu'aujourd'hui la véritable *force militaire* est passée entre les mains des *industriels.* Ce ne sont plus les *armées* qui constituent la force militaire d'un pays, c'est l'*industrie.* Les *armées* d'aujourd'hui (et par *armée,* entendez la collection des *guerriers,* depuis le simple *soldat* jusqu'au *chef* le plus éminent), les *armées,* disons-nous, ne remplissent plus que des fonctions subalternes ; car leur mérite ne consiste qu'à employer les produits de l'*industrie;* l'*armée,* qui en est le mieux pourvue, est toujours celle qui obtient l'avantage, à moins d'une incapacité absolue de la part des *généraux.* Et la *révolution française* a bien prouvé que cette *capacité* du *général* n'est pas si rare à trouver, ni si difficile à acquérir : on peut même observer que la *capacité militaire,* du moins pour les *corps* qui font aujourd'hui la principale force des *armées,* et desquels dépend en grande partie le succès des batailles, est un produit de l'*industrie théorique.*

L'*industrie* s'est également emparée des *finances :* aujourd'hui, en *France* et en *Angleterre,* c'est elle qui fait les avances pour les besoins du *service public*, et c'est dans ses mains que se versent les produits de l'*impôt*. Il résulte de cet aperçu de la marche et des *progrès* de l'*industrie* :

1° Que, sous le *rapport politique*, la *classe industrielle*, esclave à son origine, a graduellement relevé et agrandi son existence sociale, et qu'enfin elle est aujourd'hui en position de prendre le pouvoir général, puisque la *chambre des communes*, étant nantie du *droit exclusif* de voter l'*impôt*, possède, par cela même, le grand *pouvoir social*, celui dont tous les autres dépendent ; et que, par conséquent, si le grand *pouvoir politique* n'est point encore entre les mains de l'*industrie*, cela tient uniquement à ce que la *Chambre des communes* n'est point encore composée en *majorité*, comme elle devrait l'être, de *membres des communes*, c'est-à-dire, de l'*industrie* ;

2° Que, sous le *rapport civil*, la force réelle réside aujourd'hui dans l'*industrie*, et que la *classe féodale* s'est placée, relativement à tous ses besoins, dans la dépendance de l'*industrie*.

§ III

De ce qui a retardé jusqu'à présent la marche de l'industrie.

Si la *marche* de l'*industrie* a été jusqu'à présent fort lente; si même aujourd'hui l'*industrie*, malgré ses nombreux et importants succès, se trouve, de fait, n'avoir qu'une existence subalterne, et si la société est encore gouvernée, en grande partie, par la *classe féodale,* ou du moins par l'*esprit féodal* (ce qui revient à peu près au même), la raison en est que, jusqu'à présent, les *communes* n'ont pas eu de *principes* qui leur fussent *propres;* qu'elles n'ont fait de progrès et obtenu de succès, que par une sorte d'*instinct pratique* et de *routine.*

Par principes de l'*industrie*, nous entendons ici la connaissance de la manière dont l'*industrie* userait du *pouvoir.* Cette connaissance qui n'est autre chose qu'un *plan politique* conçu dans des vues propres à l'*industrie*, et combiné dans ses intérêts, a jusqu'à présent manqué à l'*industrie.* Or, il est bien clair que cette connaissance est indispensable à l'*industrie* pour que le *pouvoir général* puisse passer entre ses mains, et que tant que les *principes* lui ont manqué, l'*industrie* n'a pu jouer qu'un rôle subalterne.

La *classe militaire* ou *féodale* a des *princi-pes* qui lui sont propres, et c'est pour cela qu'elle a conservé le *pouvoir général*. Mais, faute de *principes* à elle, l'*industrie* n'a fait jusqu'à présent et ne fait encore qu'exercer une *action critique* à l'égard des *combinaisons féodales;* elle n'a pas pu prendre à son tour l'initiative et donner l'impulsion.

Tous ses *principes* se réduisent au désir vague d'être *bien gouvernée*, c'est-à-dire d'être gouvernée d'une manière conforme à ses intérêts; mais il est évident que ce désir, sans la connaissance des moyens de gouverner dans les intérêts de l'*industrie*, ne peut la conduire à rien, qu'à une *action critique*.

Les *principes* qui ont si longtemps manqué aux *communes* ont enfin été produits par l'immortel *Smith;* car ces *principes* ne sont autre chose que les vérités générales qui résultent de la science de l'*économie politique*.

Depuis plus de *quarante ans*, des hommes du plus grand mérite font de ces *principes* leur occupation unique : d'une part, ils disposent le *travail*, et de l'autre, ils préparent la *raison publique* à accueillir favorablement cette importante innovation ; ils la préparent à entendre délibérer sur

les affaires de l'*État,* absolument de la même manière que sur celles de l'intérêt d'un particulier;
à considérer une *association nationale* comme
une *entreprise industrielle* qui a pour objet
de procurer à chaque *membre* de la *société,* en
proportion de sa mise, le plus d'aisance et de
bien-être possible. On ne peut qu'admirer la sagacité que les savants *économistes* ont déployée
dans ce *travail,* et la persévérance avec laquelle
ils nous ont frayé une route entièrement nouvelle
vers le *bonheur* et la *liberté.*

Smith, après avoir observé les procédés employés dans les différentes *entreprises industrielles,* rassemble ses *observations;* il en forme
un corps ; il généralise ses idées ; il établit des
principes, et il crée une *science* basée sur l'*art*
d'acquérir des *richesses;* de même *Aristote* avait
fait une *poétique,* d'après ses observations sur
les ouvrages des poètes qui l'avaient précédé.

Une circonstance très-piquante à remarquer,
c'est que le *livre* de *Smith* fut accueilli avec
empressement par tous les *gouvernements.*
Heureux aveuglement des *gouvernants* qui ont
toujours compté sur la *force* des *baïonnettes!*
Admirable sagacité de ceux qui tendent à
se soustraire à l'action de la force et qui ont

pour but d'en ôter aux *gouvernements* l'usage abusif !

Le *livre* de *Smith* était la critique la plus forte, la plus directe, la plus complète qui ait jamais été faite du *régime féodal :* chacune de ses pages contenait la démonstration que les *communes* ou l'*industrie* étaient dévorées par ce *régime* qui ne leur était utile sous aucun rapport ; que les *gouvernements*, tels qu'ils étaient établis, tendaient continuellement à ruiner les *peuples,* puisqu'ils ne faisaient jamais que *consommer;* tandis que l'unique moyen de s'enrichir était de *produire.*

Son ouvrage peut être considéré comme une collection de réfutations détaillées de toutes les opérations des *gouvernements*, et, par conséquent, il peut être envisagé, dans son ensemble, comme une démonstration de la nécessité pour les *peuples* de changer les *principes* et la *nature* de leurs *gouvernements*, s'ils voulaient cesser de vivre dans la misère, et s'ils voulaient jouir de la paix, et des fruits de leurs travaux.

Cet ouvrage contenait en même temps la preuve qu'une *nation*, pour acquérir de l'aisance, devait procéder de la même manière que les *manufacturiers*, que les *marchands*, que toutes les personnes exerçant une *industrie* quelconque, et que, par conséquent, le *budget* d'une *nation* qui voulait devenir libre et riche devait être formé d'après les mêmes principes que le *budget* particulier d'une *maison* quelconque d'*industrie;* que le seul but sensé que pouvait avoir une *nation* était de *produire* le plus possible, avec les moindres frais possible d'administration.

M. *Say* remanie les idées de *Smith;* il les classe d'une manière plus méthodique; il donne, plus que l'inventeur ne l'avait fait, le caractère de *doctrine* à son travail; il ajoute des considérations nouvelles à celles que *Smith* avait produites, et il intitule son ouvrage : *Traité d'économie politique.*

Dans M. *Say*, la critique de la conduite des *gouvernements* actuels prend un caractère plus clair; la comparaison entre les *principes* de l'*administration militaire* et ceux de l'*administration industrielle* est établie d'une manière plus directe.

Smith avait insinué bien modestement dans le monde la science qu'il avait créée ; il l'avait présentée comme un moyen pour les *gouvernements* de s'enrichir; il ne l'annonçait que comme une science secondaire, comme une auxiliaire, une dépendance de la *politique*.

M. *Say* fait un pas de plus que *Smith* sous le rapport *philosophique* : il établit, en tête de son ouvrage, que l'*économie politique* est distincte et indépendante de la *politique*; il dit que cette science a une base à elle, base tout à fait différente de celle sur laquelle repose la science qui a pour objet d'organiser les *nations*.

Toujours même aveuglement de la part des *gouvernements* les plus despotiques; ils s'empressent de faire traduire l'ouvrage de M. *Say*, et de fonder des *chaires d'économie politique*, c'est-à-dire des chaires où l'on démontre que le *gouvernement féodal* et *militaire* (qui est, plus ou moins, celui de tous les *peuples* de l'*Europe*) est un *gouvernement* en arrière de l'état des lumières, ruineux pour les *peuples*, et qui ne leur est utile sous aucun rapport; où l'on démontre que le *budget* conçu dans les vues et dans les intérêts de ce *gouvernement* est une absurdité; que le *budget* d'une *nation* doit être formé de la même manière que celui d'une *société* ayant fait une entreprise d'*industrie* ; qu'une *nation* doit nécessairement s'organiser pour un de ces deux buts, celui de *voler* ou celui de *produire*, c'est-à-dire qu'elle doit avoir le *caractère militaire*, ou le *caractère industriel*, sous peine de n'être qu'une *association bâtarde*, si elle ne se prononce pas franchement dans l'un de ces deux sens[1].

Au point où en est le travail qui doit donner à l'*industrie* les *principes* destinés à lui servir de règle, il ne reste plus qu'une chose à faire pour atteindre le but : c'est que la connaissance de l'*économie politique* se propage généralement parmi les *industriels*. On a peine à concevoir, ce

1. Cette dernière idée, qui est belle et utile, est due à M. Comte. C'est lui qui a dit le premier qu'un peuple se trouve dans une situation politique fausse, dans une situation telle que ses efforts s'entre-détruisent en grande partie quand ils ne se prononcent pas franchement pour le *caractère militaire* (c'est-à-dire *voleur*), ou bien pour le *caractère industriel* (c'est-à-dire *pacifique*). C'est M. Comte qui, dans un excellent travail, a établi que les *Romains* étaient entièrement organisés pour la *guerre*; que toutes leurs institutions concouraient à leur donner la plus grande force militaire possible. C'est lui qui a fait voir comme quoi les *Romains* avaient agi conséquemment à l'esprit et aux lumières de leur époque. C'est encore lui qui a prouvé que les *peuples modernes* étaient en arrière des lumières de leur siècle, et qu'ils se montraient tout à fait inconséquents dans leur conduite, en confiant les principaux emplois et la suprême direction des affaires à des *militaires*, tout en manifestant un vif désir de s'enrichir par le commerce et une intention prononcée de faire fleurir l'*industrie*.

Nous saisissons avec d'autant plus d'empressement cette occasion de rendre justice au talent de M. Comte, que cet estimable *publiciste* vient d'éprouver de graves contrariétés.

qui n'est pourtant que trop vrai, qu'une science aussi utile, aussi nécessaire à l'*industrie* que celle de l'*économie politique;* qu'une science, qui est la science propre de l'*industrie*, soit cependant, de toutes les sciences existantes, celle qui est de beaucoup la moins répandue.

§ IV

Du pas que l'industrie doit faire aujourd'hui.

D'après ce que nous venons d'établir, l'*industrie* possède aujourd'hui la force réelle, et, de plus, elle possède les principes qui lui manquaient, ou du moins, il lui est très-facile de les acquérir, puisqu'ils existent.

Si tel est, comme nous le pensons, le point véritable où en est aujourd'hui l'*industrie* de sa carrière politique, d'où vient que la direction de la *société* n'est point encore passée entre ses mains ? d'où vient que le *régime industriel* ne s'établit pas, et que le *régime féodal* et *militaire* subsiste encore ? Cela vient premièrement de ce que les *principes industriels* ne sont pas encore assez généralement connus, et ne peuvent, par conséquent, avoir acquis le crédit qui doit faire leur confiance et leur force ; et, en second lieu, de ce que la force réelle et les principes ne suffisent pas, comme on pourrait le croire de prime abord, pour que l'*industrie* se constitue à la tête de la *société* : il lui faut encore un moyen, et un moyen légal de faire passer le *pouvoir* entre ses mains. C'est faute de connaître ce moyen, que, lorsque l'*industrie* a voulu faire des tentatives pour se saisir du *pouvoir,* elle n'a employé et n'a pu employer que l'*insurrection.* Or, l'*insurrection* est d'abord le plus insuffisant de tous les moyens ; et, ensuite, ce moyen est absolument contraire aux intérêts de l'*industrie;* car, pour elle, tout emploi de la force est un mal, et c'est sur l'*industrie* que pèsent le plus les désordres populaires, parce que les *propriétés industrielles* sont, de toutes les propriétés, les plus faciles à détruire.

Ainsi, après le *problème* résolu par *Smith,* de la production des *principes* propres à guider la *marche* de l'*industrie,* le *problème* qui se présentait naturellement à résoudre, dans l'intérêt des *progrès* de l'*industrie,* était celui-ci : — Trouver un moyen légal pour que le grand *pouvoir politique* passe entre les mains de l'*industrie.*

Il ne faut ni de grandes forces d'intelligence, ni beaucoup de travail pour imaginer un moyen insurrectionnel ; mais pour trouver un *moyen légal*, la question présente beaucoup plus de difficultés. C'est à résoudre cette question que nous nous sommes attachés, persuadés que cette solution est la seule chose aujourd'hui qui manque à l'*industrie*, le seul pas qui reste à faire pour déterminer l'établissement du *régime industriel* qui est le but de tous les efforts que les *nations* civilisées ont faits depuis plus de *six siècles*, et le terme de la grande *révolution européenne* qui se prépare depuis si longtemps.

Nous croyons fermement avoir trouvé cette *solution*, et nous pensons que la mesure proposée atteint justement le but ; car cette mesure devant avoir inévitablement pour effet, au bout d'un certain temps, de composer la *chambre des communes* en totalité, ou du moins en très-grande majorité, de *membres* des *communes*, c'est-à-dire de l'*industrie*, et, d'une autre part, la *chambre des communes* possédant le grand *pouvoir politique*, puisqu'elle a le droit exclusif de voter le *budget;* il s'ensuit que la mesure proposée doit faire passer le grand *pouvoir politique* dans les mains de l'*industrie*, et cela d'une manière tout à fait *légale,* entièrement conforme à la *constitution* existante, et, de plus, sans aucun changement brusque, puisque cette mesure, par sa nature même, ne peut produire son effet que graduellement.

Par ces considérations, nous sommes pleinement convaincus que l'adoption de la mesure est le *pas* que l'*industrie* doit faire *aujourd'hui,* et que, par conséquent, cette adoption aura lieu tôt ou tard, conformément à cette loi générale confirmée par toutes les observations historiques, que rien ne peut arrêter d'une manière durable les *progrès* de la *civilisation.*

CHAPITRE HUITIÈME

CONDUITE DES LÉGISTES PENDANT LE COURS DE LA RÉVOLUTION FRANÇAISE, COMPARÉE AVEC CELLE DES INDUSTRIELS.

§ Ier.

Conduite des Légistes.

Après avoir, dans les deux *chapitres* précédents, mis le *lecteur* à portée de suivre rapidement l'*historique* des *tribunaux* et celui de l'*industrie*, il nous semble que nous laisserions imparfaits les rapprochements qu'il importe d'établir, si nous ne les terminions point par la comparaison de la conduite des *légistes* et de celle des *industriels*, pendant le cours de la *révolution française*.

Quelle a donc été la conduite des *légistes* ? d'abord, ce sont les *Girondins* qui ont renversé l'ancien *gouvernement* ; ce sont eux qui ont établi la *république ;* ce sont eux qui ont empêché la réorganisation de la *monarchie ;* et ce parti, connu sous le nom de *Girondins* , avait pour chefs *Guadet, Vergniaud* et *Gensonné* , tous trois *légistes,* tous trois *avocats.*

L'ancien *gouvernement* ayant été renversé, ce fut *Robespierre* qui s'empara du *pouvoir ;* et qu'était *Robespierre ?* Encore un *légiste :* ses principaux lieutenants étaient aussi des *légistes.* On vit des *comités* de *salut public* et de *sûreté générale* , tout peuplés de *légistes.* Il est constant que ce sont les *légistes* qui ont gouverné la *France* pendant l'époque la plus orageuse et la plus affligeante de la *révolution.*

C'étaient eux également qui administraient les assemblées de *département,* celles des *dis-*

tricts, celles des cités appelées *municipalités ;*
toutes étaient dirigées par eux.

Ils ne se bornèrent point alors à s'emparer
des pouvoirs *législatif, administratif* et *exécu-*
tif ; mais ils parvinrent aussi à diriger l'impulsion populaire. Ils fournirent des chefs aux
Jacobins ; ils créèrent un club des *Cordeliers ;*
ils composèrent enfin, presque exclusivement,
tous les *bureaux* des différentes *sociétés popu-*
laires de ces temps malheureux.

Ainsi, du moment où il faut bien reconnaître
que le *régime* de la *terreur* a été inventé par
les *légistes*, devenus maîtres de tout, et fondé,
par eux, sur les ruines de l'ancien ordre de
choses qu'ils avaient détruit, il faut bien les
reconnaître aussi pour les instigateurs , les
régulateurs, et même, jusqu'à un certain point,
comme les exécuteurs de tant d'atrocités qui ont
signalé leur sinistre invention.

Toujours guidés par le même esprit de corps,
celui de la *domination*, ils ne se démentent dans
aucune de nos grandes crises politiques. Il leur
faut du pouvoir à tel prix que ce soit ; et, pour
en obtenir le plus possible, nouveaux *protées,*
ils savent prendre toutes les formes selon les
circonstances. Suivons leur marche.

Bonaparte survient et s'empare, à son tour, de la suprême autorité. Aussitôt, ce même corps de *légistes* qui, la veille encore, pour ainsi dire, professait le *républicanisme* le plus forcené; qui venait presque d'inventer cette phrase à jamais mémorable, écrite en gros caractères, sur tous les murs, sur tous les édifices publics : *Unité, indivisibílité de la république; liberté, égalité, fraternité ou la mort*, fut un des premiers à se courber devant l'*idole*. C'était à qui d'entre eux montrerait le plus de zèle, le plus d'empressement pour servir et consolider la nouvelle puissance. *Cambacérès* a créé le rôle de *lieutenant civil* d'un *despote militaire*. A cette époque, les *discours* de toutes les cours de justice, de tous les tribunaux, ont prouvé que le *despotisme* convenait infiniment à l'esprit de notre législature. Rien de si curieux en ce genre qu'un opuscule qui parut lors de la chute de *Napoléon*, sous le titre d'*Oraison funèbre d'un grand homme*, par une *société de gens* de *lettres :* on l'avait composée de tous les passages adulateurs, de toutes les maximes spécieuses et erronées sorties de la bouche ou de la plume de ces êtres versatiles, qui n'hésitent jamais à tout sacrifier à leur intérêt personnel ;

et comme chaque phrase portait le nom de son
auteur, il était facile de se convaincre que la
meilleure part de l'ouvrage appartenait encore
aux *légistes*.

Cependant *Bonaparte* est renversé par l'effet
d'une réaction militaire ; l'ancien *gouvernement*
est rétabli, et le corps des *légistes* change de
langage ; mais il ne s'en montre pas moins
ardent pour servir le pouvoir, et pour restreindre les libertés du peuple ; sa manière d'inter-
préter la *charte* est constamment *anti-libé-
rale*.

La *révolution* a fourni au corps des *légistes*
l'occasion de faire connaître l'esprit dont il est
animé : c'est une soif infatigable du *pouvoir*,
au point que le posséder en subalternes devient
l'objet de leurs désirs et de leurs efforts, quand
ils ne peuvent pas être maîtres absolus ; et l'on
cessera de s'en étonner, si l'on fait réflexion que
les *Empereurs romains,* les plus grands despotes qui aient jamais existé, sont les inventeurs
de la *science* professée par les *légistes*, ainsi
que des *principes* de *droit* dont ils se chargent
de faire les applications.

§ II.

Conduite des Industriels.

Les *industriels* n'ont joué aucun rôle actif pendant le cours de la *révolution :* ils n'ont rien gouverné, rien administré des affaires publiques ; ils n'ont aucunement tenté de s'emparer du *pouvoir ;* aucun des actes arbitraires qui ont rendu cette époque horriblement mémorable n'a été commis par eux : c'est à eux, au contraire, que ces sortes d'actes ont fait le plus de mal. Les *industriels* ont, dans cet intervalle, perdu leurs capitaux deux fois : la *loi* du *maximum* les leur enleva une première fois ; vint ensuite, sous *Bonaparte*, la *loi* qui fit brûler les *marchandises anglaises* et ruina une seconde fois l'*industrie*.

Les *industriels* n'ayant point cherché à s'emparer du *pouvoir*, lorsque l'ancien *gouvernement* succomba, ont montré le même éloignement à devenir les instruments des divers pouvoirs qui se sont succédé depuis.

L'esprit politique que les *industriels* ont laissé voir dès l'origine de leur corporation, c'est-à-dire depuis l'*affranchissement des communes*, celui qu'ils ont manifesté pendant tout le cours de la *révolution,* celui enfin qu'ils professent encore aujourd'hui et d'après lequel ils agissent, est une combinaison où ils se proposent constamment pour but : 1° d'éviter toute secousse politique, et par conséquent de ne point changer la forme de *gouvernement* quelconque qui se trouve établie; 2° de limiter l'action du *pouvoir* et de la restreindre le plus possible ; 3° de diminuer les dépenses du *gouvernement* et tout mauvais emploi de l'*impôt.*

Il se trouve aujourd'hui, par l'effet de la *loi* des *élections,* quelques *industriels* importants dans la *Chambre des députés.* Qu'on examine avec soin toutes les *opinions* qui ont été émises par eux, et l'on verra qu'ils ont eu constamment pour objet d'obtenir, de concilier, et de combiner le plus de tranquillité, de liberté et d'économie possible.

§ III.

Conséquences de cette comparaison.

Il résulte évidemment de cette comparaison :

1° Que les *gouvernants,* ainsi que les *gou-*

vernés, ont intérêt à accroître l'*importance
politique* des *industriels,* puisque, d'une part,
ceux-ci sont toujours disposés à maintenir le
gouvernement existant, et que, de l'autre, ils
travaillent sans cesse à restreindre le *pouvoir* et
à diminuer l'*impôt.*

2° Qu'il est également de l'intérêt des *gouvernants* et des *gouvernés* de diminuer l'*influence
politique* des *légistes*, puisque, d'un côté, cette
corporation est ambitieuse , révolutionnaire ,
toujours prête à renverser ou à envahir le pouvoir ; et que, d'un autre, quand elle ne peut pas
s'emparer du pouvoir, ou qu'elle est obligée de
l'abandonner, elle se montre toujours prête à
servir ceux qui le possédent contre les intérêts
du *peuple ;* enfin que, dans l'un et l'autre cas,
elle travaille à diminuer les libertés de la *nation*,
comme à donner de l'accroissement aux charges
qui pèsent sur elle.

CHAPITRE NEUVIÈME ET DERNIER.

RÉSUMÉ DE CE PREMIER CAHIER.

La seule classe de la *société* dans laquelle

nous désirons voir s'accroître l'ambition et le courage politique, la seule où cette ambition puisse être utile, où ce courage soit nécessaire, est, en général, la classe des *industriels ;* car leurs intérêts particuliers sont parfaitement d'accord avec l'intérêt commun, par la seule force des choses. C'est dans le sentiment de cette vérité que nous avons hautement embrassé la cause des *industriels,* la regardant comme le centre réel et le foyer de la *civilisation.*

Tout ce que nous avons dit jusqu'ici sur la conduite que les *industriels* devaient tenir peut se *résumer* en un mot, en un simple principe du sens commun.

Fuyez tout mélange, toute communauté avec les hommes dont l'intérêt est, par sa nature, ennemi du vôtre.

Liez-vous avec les hommes qui ont avec vous un même intérêt, et fortifiez-en le nombre par tous les moyens qui vous appartiennent. Or, nous vous en proposons un bien simple et bien puissant, dont le succès ne dépend que de vous; sachez seulement vous *entendre* et *vouloir.*

Les intérêts des *cultivateurs* sont les mêmes que les vôtres ; ils sont *industriels ;* liez-vous à eux et emparez-vous d'un si puissant renfort.

Ce point emporté, votre cause est gagnée sans retour.

Que faut-il pour cela ? Obtenir une *loi* qui les autorise à engager les *propriétés foncières*, comme le banquier engage la *propriété mobilière* confiée à sa probité, à sa prudence et à son intérêt.

Les intérêts des *propriétaires* de terres, non *cultivateurs,* sont opposés aux vôtres et se confondent avec ceux de la *noblesse ;* craignez donc cette alliance, et laissez au moins distinct ce qui doit être ennemi.

Les *nobles,* les *propriétaires* de terres non *cultivateurs,* sont en possession du droit qui ne devrait appartenir qu'à vous seuls ; car vous seuls servez nécessairement l'intérêt commun en servant le vôtre ; étant donc nantis de ce droit, ils se garderont bien de le mettre en question ; ce que nous proposons serait un coup mortel pour eux, et ils ne manqueront pas de lutter contre, de toute leur force, eux et la tourbe des *légistes,* leurs organes fidèles. Songez donc à vous défendre contre des phrases de plaideurs, par le langage de la raison, et contre une morale hypocrite, par les répliques invincibles d'une morale vraie et hardie , celle du *sens commun*.

Pour nous, plus ils seront nombreux dans les rangs de nos ennemis, plus nous-nous applaudirons du succès ; et leur acharnement à décrier nos travaux doit être, à vos yeux, la mesure de la bonté de nos conseils.

Mais, au lieu de les attendre, empressez-vous de les attaquer vous-mêmes et de les poursuivre. Ils auront leurs avocats; vous, appelez les vôtres. D'un côté, les *gens de loi ;* de l'autre, les *économistes* [1], et nous verrons de quel parti seront le *bon sens* et la *victoire*.

Nous n'insisterons pas davantage sur ce moyen général d'engager utilement le combat entre l'*industrie* et ce qui n'est pas elle ; nous l'avons assez rebattu dans nos écrits précédents. Nous ajouterons seulement qu'une *souscription,* même peu considérable, de quelques *maisons*

---

1. Nous employons le mot *économistes* pour désigner ceux qui cultivent l'*économie politique,* parce que cette longue dénomination distrait de l'idée. Au surplus , les *économistes* ayant été les véritables fondateurs de l'*économie politique,* cette science nous paraît devoir porter leur nom. Consacrons le souvenir des importants services qu'ils ont rendus ; les erreurs qu'ils ont commises sont aujourd'hui sans inconvénient, puisqu'on les a totalement perdues de vue.

importantes, suffirait pour donner la première impulsion et commencer la *grande œuvre industrielle*, l'œuvre essentiellement libérale. Quelques prix livrés à l'émulation glorieuse des écrivains, une bagatelle [1] de *cinquante mille francs*, seraient peut-être le capital de la plus grande entreprise, de la plus heureuse révolution qui puisse jamais s'opérer pour le bonheur de la *France* et de l'*Univers*.

1er *Nota*. Nous croyons en avoir dit assez dans cet écrit, pour faire sentir l'importance du moyen proposé. Toutefois, nous devons nous attendre à n'être pas suffisamment entendus de tous les esprits; il en est un grand nombre qui exigeront des développements plus étendus : notre dessein

1. Nous croyons devoir justifier cette qualification de *bagatelle*, donnée ici à une somme de cinquante mille francs. Cette expression, qui étonnera peut-être quelques personnes, paraîtra juste à ceux qui verront assez loin pour s'apercevoir que le résultat de la discussion sera, d'une part, de verser *trente milliards* de fonds dans les affaires, et de l'autre, de décharger l'industrie d'une grande partie des impôts qu'elle paye en ce moment. L'expression de *bagatelle* paraîtra encore plus juste à ceux qui, voyant encore plus loin, s'apercevront que l'établissement complet du *régime industriel* et *pacifique* serait une suite naturelle de cette discussion.

est de les satisfaire dans les cahiers suivants, où nous envisagerons la même question sous plusieurs points de vue nouveaux et très-importants ; nous ferons voir de quelle influence serait la mesure proposée sur les frais de l'armée de terre et de l'armée de mer, sur les frais qu'exigent les colonies, l'administration publique, les relations extérieures, et, en un mot, tout ce qui a rapport à la liberté et à la richesse nationale.

2e *Nota.* Nous invitons les personnes qui, se trouvant dans une disposition bienveillante à notre égard, désirent accorder quelques encouragements à notre entreprise, à vouloir bien nous communiquer toutes les observations qu'elles auront pu faire sur nos travaux. Nous les publierons avec empressement, et nous y répondrons le plus promptement qu'il nous sera possible.

Les personnes qui jugeront les idées que nous soumettons au public, dignes de fixer leur attention, sentiront que le meilleur moyen pour atteindre ce but est celui que nous venons de proposer.

Adresser les lettres (franches de port) à M. Henri Saint-Simon, rue Richelieu, 115.

Là s'est arrêtée la publication de l'*Industrie*. Nous placerons ici quelques pages remarquables laissées manuscrites par Saint-Simon. Bien que nous ignorions la date à laquelle ces pages ont été écrites, nous croyons nous éloigner peu de la vérité en les intercalant entre les publications de 1818 et celles de 1819. Nous les emprunterons à la publication de M. Hubbart [1], parce que le manuscrit ne s'est pas retrouvé dans les papiers laissés par Olinde Rodrigues.

NAISSANCE DU CHRISTIANISME.

Après huit siècles d'existence, Rome, toujours libre, venait de fléchir sous un maître ; elle avait porté ses armes et sa domination tout à l'entour d'elle, dans le circuit d'un immense rayon qui atteignait presque aux bornes du monde connu. Mais, disséminée sur un aussi vaste Empire, la force de la République avait ployé au centre, et s'y était vue remplacée par une force monarchique. César fut l'auteur de cette révolution, et fonda dans Rome une dynastie régnante : après lui, Auguste gouverna l'Empire. Il régnait depuis quarante années, quand Jésus naquit en Palestine.

La mythologie du paganisme, faite pour l'en-

---

1. *Saint-Simon, sa vie et ses ouvrages*, pages 256 à 263. — M. Hubbart a donné ce morceau comme appendice aux *Opinions littéraires, philosophiques et industrielles*, publiées en 1825 ; nous le croyons antérieur. (*Note des éditeurs.*)

fance du monde, avait vieilli avec lui ; elle avait perdu, à l'époque dont nous parlons, son ancien crédit dans les esprits, et le vide qu'elle y avait laissé ne demandait qu'à être rempli. Alexandre, pendant le cours de ses conquêtes, avait porté dans l'Orient la culture de la Grèce ; ses successeurs avaient élevé des trônes occupés par des princes grecs, en Égypte, en Perse, en Asie Mineure et en Arménie. La philosophie grecque avait été fleurir dans ces diverses contrées, et y modifier l'esprit local. A son tour, elle s'était sentie de la réaction, et le théisme mystique de l'Inde, et les deux principes de la Perse, et les mystères de l'Égypte s'allièrent à la doctrine de l'Académie et du Portique. Le nouveau mélange d'idées causa une fermentation. La tendance principale de ces éléments, d'ailleurs peu homogènes, était la reconnaissance et le culte d'un Dieu invisible. Le polythéisme, l'adoration des dieux grossiers et visibles, devait peu à peu être miné par cette disposition des esprits les plus éclairés. C'est en cet état que les Romains trouvèrent la Grèce et l'Orient, quand ils s'en emparèrent à leur tour, et les vainqueurs traînèrent après eux dans l'Occident les hommes et l'esprit de l'Orient. Les lettres et la philosophie des Grecs

devinrent la base de la culture chez les Romains,
et y produisirent, à quelques modifications près,
les mêmes effets qu'en Grèce et en Égypte. Le
vieux culte fut méprisé, les augures ne se rencontrèrent plus sans rire. Le Déisme couvait
dans les écoles à Rome, comme à Athènes, à
Smyrne et à Alexandrie ; mais cette doctrine
spéculative attendait une forme réelle qui pût
lui donner une existence pratique et positive,
qui vînt en faire une religion.

Il est nécessaire de remarquer que la Médi-
terranée était alors une grande mer, le champ
commun des nations qui constituaient l'Empire
romain, et leur moyen de communication. Les
côtes qui l'embrassaient de toutes parts rendaient
leurs habitants comme compatriotes. Athènes, Jop-
pé, Rome étaient plus voisines que des villes peu
distantes dans les terres ; le commerce du monde,
qui se faisait sur cette mer, tous les mouvements
qui se rapportaient à Rome, y rendaient les
communications faciles et fréquentes.

Sur une des côtes de cette mer, au centre
de l'Empire fondé par le conquérant macédonien
sur le terrain de l'antique Phénicie, en contact,
au sud avec l'Égypte et l'Arabie, à l'est avec la
Perse, au Nord avec la Syrie, l'Arménie et les

peuplades Scythes, par ses ports enfin avec la Grèce, l'Italie et les autres contrées maritimes, vivait un petit peuple méprisé, vaincu et soumis tour à tour par ses divers voisins, haïssant toutes les autres nations par principe, commerçant et industrieux par besoin, facteur de l'Asie et de l'Europe, répandu partout, sans se mêler aux étrangers, et formant en chaque lieu une société séparée des autres, y conservant ses lois, son culte et ses temples. Le même peuple avait une religion nationale fondée sur l'adoration d'un seul Dieu au milieu du polythéisme syrien, égyptien, grec et romain ; ici le théisme était constitué en religion positive ; phénomène unique au sein du vaste empire des Césars. On sent bien que je veux parler des juifs. Fiers de leur origine, qu'ils faisaient remonter à d'illustres patriarches, unis entre eux par les liens d'un même sang, objets uniques de la protection de Dieu, et choisis par lui entre toutes les nations, d'anciennes prophéties leur assuraient qu'il naîtrait au milieu d'eux un roi de la terre qui laverait tous leurs opprobres, et qui les élèverait au-dessus du reste du monde. Ils vivaient dans l'attente inquiète du Messie, et ils calculaient avec ardeur le temps, obscuré- ment indiqué, de sa venue. Un tel esprit n'existait alors chez aucun peuple. Celui-ci, sombre, concentré, dévoré de l'orgueil que lui inspirait sa noblesse plus que terrestre, et de l'humiliation où il était contraint de vivre, se consolait de l'une par l'autre, et rendait au centuple à ses voisins idolâtres le mépris qu'il essuyait d'eux. Cette profonde disposition n'a pas encore péri ; dans sa captivité universelle, ravalé de toute part jusqu'au rang de la brute, l'inébranlable Israélite dit dans son cœur : Je suis l'homme de Dieu.

Il est naturel, vu la disposition où étaient alors les esprits sur l'unité de l'essence divine, et sur un culte plus purifié à lui rendre, que les philosophes et les peuples oisifs, qui s'étaient multipliés pendant le long calme du règne d'Auguste, aient donné quelque attention à ce peuple, à ses dogmes et à ses livres, dont il existait une version grecque. Les yeux commençaient donc à s'arrêter sur lui ; dans les villes de l'Empire où les juifs avaient établi des synagogues, quantité de païens en suivaient les assemblées, par un intérêt plus vif que celui de la curiosité. Les juifs, de leur côté, ne purent se dérober à l'action de l'esprit général du temps ; si leurs idées commencèrent à pénétrer dans les écoles, les idées des philo-

sophes pénétrèrent aussi dans les synagogues.
On vit des juifs briller comme philosophes au
milieu des païens, et surtout à Alexandrie, qui
était alors le foyer de la nouvelle académie. Les
innovations gagnèrent jusque dans les murs de
Jérusalem. La théosophie des mages de l'Orient
y pénétra aussi : on commença à disputer, à raf-
finer, à vouloir modifier l'orthodoxie judaïque.
Il s'ensuivit des sectes qui s'entre-choquèrent
avec fureur. Beaucoup de juifs, examinant de
plus près leur culte, y trouvèrent çe que les
païens trouvaient dans le leur, trop de formes
extérieures ; quelques-uns voulaient un ré-
formateur, d'autres un sauveur qui les tirât de
cette crise ; à des yeux juifs, cela ne pouvait être
pour les uns et pour les autres que par le Messie
lui-même ; l'attente de cet être surnaturel était
donc plus enflammée que jamais. Des troupes
inquiètes quittaient les villes, allaient entendre
des prédicateurs, des prophètes dans le désert.
Jean baptisait et prêchait sur le bord du Jour-
dain. Il annonçait aussi le Messie, et le nombre
de ses partisans était considérable. C'est au
milieu de ce peuple, au milieu de ces circonstances qu'apparut Jésus. Il entraîna les disciples
de Jean, le reste de la foule et les autres pro-

phètes se turent; il prêcha avec la tranquille majesté d'un esprit revêtu d'une mission supérieure, et qui n'avait d'autres fonctions sur la terre que d'y établir le sentiment philanthropique et d'y séparer le pouvoir spirituel du pouvoir temporel.

Jésus, poursuivi par le fanatisme des prêtres de l'ancienne loi, fut, au milieu des bourreaux et des supplices, ce qu'il avait été au milieu de ses disciples, un modèle plus qu'humain de patience et de fermeté, de douceur et de sublimité; il mourut de la belle mort d'un martyr de la vérité et de la vertu.

Après la mort de Jésus, un grand nombre de disciples se réunirent à Jérusalem, y célébrèrent ensemble et en son nom la fête judaïque de la Pentecôte, et formèrent ainsi la première communauté de chrétiens qui ait eu lieu. Cette faible église se dissipa bientôt presque en entier, lorsque, deux ans après, le fanatisme la poursuivit de rechef, et qu'Etienne, diacre, c'est-à-dire dépositaire des aumônes, en fut devenu la victime; il fut remplacé par Paul, homme plein de ce génie qui vivifie tout, de cette force et de ce courage opiniâtre qui surmontent tout. Paul, jusqu'alors persécuteur des chrétiens, se rangea de leur nombre.

Ce nouvel apôtre, qui fit plus à lui seul que tous les autres pour la religion naissante, appela les hommes de tous pays et de toute religion à devenir les sectateurs du Christ. On n'avait vu jusqu'alors que des Juifs entrer dans cette association, aux membres de laquelle on donnait le nom de Nazaréens. Paul apporta dans ses éloquentes prédications de nouvelles idées, de nouvelles vues; il annonça la doctrine du fondateur avec un esprit qui n'était et ne pouvait être celui des autres disciples, plus attachés au judaïsme, plus ou moins nourris de ses préjugés; ce qui occasionna dès ces premiers temps une scission entre les chrétiens ses partisans, et ceux qui demeuraient attachés aux formalités du judaïsme, division qui amena la nécessité de se rassembler pour s'entendre. Cette réunion, première image des conciles, se tint à Jérusalem, et y dura jusqu'à la subversion de la république des Hébreux. Cet événement les sépara, mais aussi depuis lors restèrent séparés le mosaïsme et le christianisme, entre lesquels Paul avait tiré une ligne éternelle de démarcation. Ses voyages, ses discours, ses lettres, dont quelques-unes sont parvenues jusqu'à nous, fondèrent la doctrine chrétienne sur l'amour du prochain et sur la division du pouvoir spirituel et du pouvoir temporel, ce qui la mit en opposition avec celle de Moïse, qui poussait les juifs à haïr toutes les autres nations et qui tendait à réunir tous les pouvoirs spirituels et temporels dans les mêmes mains.

Trente-cinq ans après Jésus, tous ses premiers confidents avaient péri, ou de mort naturelle ou sous les coups des bourreaux. Il ne restait plus d'entre eux que l'apôtre Jean, qui fuyant la persécution sous Domitien se réfugia dans Patmos, où il écrivit l'Apocalypse, que l'on a mis au rang des livres saints. Déjà s'élevaient entre les chrétiens, persécutés par les princes de la terre, les divisions de dogme qui sont dans l'essence de toute doctrine spéculative, soit philosophique, soit religieuse. Ces maux internes de l'Église semblent avoir inspiré plus de crainte à l'apôtre de Patmos que le mal externe des persécutions. Corinthe et quelques autres énonçaient dès lors quelques opinions nouvelles sur la divinité de Jésus, et presque tout ce qu'a écrit Jean est dirigé contre ces opinions. Cependant le nombre des églises chrétiennes se multipliait chaque jour dans toutes les contrées. Un état de choses paisible eût peut-être confiné à jamais la religion du Christ dans les murs de Jérusalem. Mais les juifs eux-mêmes, qui chassèrent d'abord les novateurs, les contraignirent par cette mesure à aller prêcher dans d'autres lieux ; presque partout ces bannis rencontrèrent d'autres juifs que le commerce et l'humeur inquiète de ce peuple avaient disséminés en tous lieux. Les juifs chrétiens fraternisaient avec eux, prêchaient dans leurs synagogues, fréquentées par beaucoup de païens qu'attirait, comme il a déjà été dit, le spectacle d'un culte fondé sur l'adoration d'un seul Dieu. Les Romains, en ruinant Jérusalem et dispersant le peuple juif, ajoutèrent encore à la faveur de ces circonstances. Des villes célèbres, telles qu'Alexandrie, se peuplèrent de juifs, et par conséquent aussi de chrétiens. La nouvelle doctrine devint un objet d'intérêt et de discussion. Le paganisme, trop absurde en lui-même pour convenir à des siècles qui n'étaient plus ceux de l'enfance du monde, décrié par les philosophes, était devenu presque la risée de tous les hommes éclairés. Telle est sans doute la vraie cause de la cessation de tous les oracles en ce temps. Ils se turent quand on commença à ne plus y croire.

Le besoin d'une religion, capable de remplacer l'ancienne qui périssait de vieillesse et d'imbécillité, commençait à se faire sentir. D'ailleurs, les dieux étaient des patrons nationaux chez les anciens, chaque nation avait respecté ses dieux, tant qu'elle était restée nation. Vaincus et subjugués par les Romains, les peuples devinrent indifférents à tous les objets de patriotisme local et à la religion comme aux autres. Les Romains eux-mêmes, à force de recevoir des dieux étrangers dans leurs temples, étaient aussi parvenus à les mépriser tous, les anciens comme les nouveaux venus. Le positif de la religion tombait en ruine dans l'Empire ; le sentiment religieux, qui sert de base à tous les systèmes positifs, et qui vivait encore dans les cœurs, n'attendait qu'une nouvelle forme dans laquelle il pût se fixer. Le christianisme, favorisé par les circonstances qui viennent d'être indiquées, se présente et trouve facilement accès. Mais combien d'idées étrangères, de doctrines accessoires vinrent partout s'y mêler et le modifier en mille manières ! L'histoire du dogme dans les premiers siècles est un dédale que l'histoire ne peut tout à fait éclaircir. Avant qu'un corps de doctrine fût établi et arrêté, quelle fluctuation, quelle variation n'avait pas subie cette doctrine ! et quand enfin le dogme fut déterminé, combien ne différa-t-il pas de ce qu'il avait été

dans l'esprit et dans les vues simples du fondateur?
Ce fut surtout à Alexandrie, ville alors très-let-
trée et le point de réunion des philosophes grecs,
entre autres des nouveaux platoniciens, que la
religion de Jésus, accrue de tant d'éléments
hétérogènes, prit une forme plus spéculative, ou,
si l'on veut, plus mystique qu'elle ne l'avait été
d'abord. Clément, philosophe grec, devenu chrétien, y contribua plus que personne. Ceux des
Orientaux qui embrassèrent le christianisme y
introduisirent les vues de la philosophie de l'Orient
sur l'origine du monde, du bien et du mal. De là
naquirent les modifications ou sectes du christianisme des Gnostiques et des Manichéens.

Les persécutions de quelques Empereurs contre
les chrétiens en général portèrent un grand nombre d'individus à fuir dans les lieux solitaires et
inhabités, n'y emportant que leur fervente dévo-
tion, qu'exaltaient bientôt à un point exagéré le
silence et la mélancolie du désert. Ces ascètes
de la Thébaïde et de la Syrie furent les premiers
moines, leurs réunions pour prier en commun
les premiers couvents ; des législateurs se le-
vèrent parmi eux et donnèrent à ces différents
couvents différentes règles monastiques.

Les mêmes persécutions qui avaient peuplé les

déserts de chrétiens fugitifs contraignirent ceux qui restèrent à se rallier plus fortement les uns aux autres, à étouffer autant que possible leurs controverses, à s'entendre, à se secourir, à s'organiser, à se prescrire un régime, à se donner des chefs et des administrateurs. Tant que les apôtres et les premiers disciples contemporains de Jésus vécurent, ils se trouvèrent naturellement les chefs des communes ou églises où ils étaient instituteurs. Après leur mort, on remplaçait le pasteur qu'on venait de perdre par son disciple le plus considérable. Plusieurs de ces églises s'entendaient quelquefois ensemble, et formaient une sorte de confédération qui se donnait un chef commun, un visiteur, épiscope ou évêque ; en général elles se renfermaient dans les limites d'une province, d'une préfecture ou diocèse de l'Empire romain. Les pasteurs à qui les circonstances locales donnèrent une église plus riche ou plus puissante furent revêtus de plus de considération.

Pendant les trois premiers siècles, les Empereurs romains ne connurent la nouvelle religion que pour la tolérer ou la persécuter. Constantin fut le premier qui l'adopta ; en l'adoptant, il lui imprima le caractère d'institution politique.

L'association chrétienne prit une forme nouvelle et des développements nouveaux. L'autorité suprême, devenue chrétienne, imprima à tout ce qui était chrétien un caractère temporel de puissance. L'Église acquit une certaine unité en s'associant à l'unité de l'Empire, et, de ce moment, les affaires politiques les plus importantes de l'Empire devinrent les affaires religieuses.

1819

— Le Politique ou Essais sur la politique qui convient aux hommes du XIXe siècle, par une société de gens de lettres.

Sur la couverture on lisait :

AVIS.

Le Politique est un ouvrage continu, mais il ne sera périodique sous aucun rapport.

Il paraîtra par livraisons, qui seront plus ou moins volumineuses, et dont la publication ne sera pas régulière. Ainsi il ne sera pas sujet à l'impôt du timbre [1] qui augmenterait considérablement le prix de l'abonnement.

Le seul engagement que les rédacteurs contractent est celui d'avoir publié au moins 36 cahiers (formant 3 volumes) avant la fin de la présente année politique, c'est-à-dire avant la fin de la session de 1819, et 12 cahiers au moins pendant le cours de la présente session.

On va voir quelle confusion le désir d'échapper au timbre amena dans la publication de cet ouvrage.

Une *première livraison* servant de *Prospectus* parut dans les premiers jours de janvier 1819. Elle forme XVII pages imprimées chez Scherff, passage du Caire, n° 54.

Nous en extrairons seulement l'Introduction.

INTRODUCTION.

Cette introduction se composera de six *essais*,

---

1. En Amérique, seul pays où le peuple jouisse pleinement de ses droits, les journaux ne payent aucun impôt; ils sont même transportés gratuitement par la poste dans toute l'étendue des États-Unis.

En France, depuis quelques années, les gouvernants ont activé les communications entre eux au moyen du télégraphe, et ils ont entravé les relations entre les gouvernés, en soumettant les journaux au timbre. Cette conduite de leur part mérite d'être remarquée. (*Note de Saint-Simon.*)

dont le premier aura pour objet de faire connaître au public les motifs qui nous ont engagé à entreprendre cet ouvrage;

Dont le second contiendra la déclaration de notre principe politique;

Dont le troisième indiquera la marche que nous suivrons dans le cours de nos travaux;

Dont le quatrième sera une profession de foi de notre opinion relativement à l'utilité de la royauté dans l'organisation sociale : profession de foi qui nous a paru nécessaire pour nous mettre à l'abri du reproche de républicanisme qui est si facilement adressé par les personnes intéressées au retour de l'ancien régime, à ceux qui manifestent le désir de voir disparaître les restes de la féodalité, et qui travaillent à en désencombrer l'édifice social ;

Dont le cinquième établira notre opinion relativement au plan de politique extérieure que la France nous paraît devoir adopter ;

Et dont le sixième enfin considérera la question politique du point de vue le plus élevé. Nous préparerons, dans cet essai, la démonstration :

1° Que la politique n'a pu être, jusqu'à ce jour, qu'une science conjecturale ;

2° Que, dans l'état présent des lumières, la

politique peut être élevée au rang des sciences positives ; c'est-à-dire qu'elle peut être traitée par la méthode employée pour les sciences physiques,

3° Que la crise sociale dans laquelle les peuples les plus éclairés du monde sont engagés ne sera entièrement terminée qu'à l'époque où la politique sera traitée, cultivée, et enseignée de même que la physique, la chimie et la physiologie le sont aujourd'hui.

Et cette démonstration terminera notre introduction, à laquelle elle servira de conclusion.

L'Essai nº I composé de huit chapitres occupe les pages v à xxvii, et est signé M. A.

La *seconde livraison*, parue aussi en janvier 1819, contient l'*Essai nº* II annoncé ci-dessus et forme 54 pages, signées M. A., *membre de la société de Cincinnatus*. A la fin on lit :

AVERTISSEMENT.

Le Politique se composera de quatre parties qui seront distinctes et auront chacune leur pagination.

La politique pure ;

La politique littéraire ;

La politique scientifique ;

Et une quatrième partie, qui portera le titre de *Mélanges*.

Nos deux premiers cahiers appartiennent à ce que nous appelons la *politique pure ;* les premiers cahiers que nous publierons feront partie des *Mélanges*.

Nous rendrons compte plus tard des raisons qui nous ont engagé à adopter cette division [1].

En effet, les livraisons numérotées I, IV, V, VI sont intitulées *Mélanges*. Saint-Simon marqua *première livraison* le numéro qui suivit l'Avertissement qu'on vient de lire, et il marqua le numéro suivant *quatrième livraison;* ce qui était en comptant le *Prospectus* et l'*Essai n° II*.

Le *Prospectus*	xxvii pages.
L'*Essai n° II de l'Introduction* .	54 →
Mélanges, première livraison :	56 —

parurent en janvier 1819.

La *quatrième livraison*, intitulée aussi *Mélanges n° II*, continue la pagination de la précé-

[1]. Ces raisons sont faciles à deviner. A la fin de la *cinquième livraison* (page 164), Saint-Simon annonce que, sur l'avis de quelques amis, il a renoncé à cette division, et que LE POLITIQUE ne formera qu'un seul ouvrage.

dente. Elle va de la page 57 à la page 116, et parut en février ainsi que les *cinquième* (pages 117 — 164) et *sixième* (pages 165 — 212).

Les *septième* (pages 213 — 260), *huitième* (pages 261 — 296) et *neuvième* (pages 297 — 352) ont paru en mars.

Le numéro du 13 mars 1819 du *Journal de la Librairie* qui annonce la *septième livraison* donne aussi l'indication d'un *Prospectus* de 4 pages en tête duquel on lit : Le Poli- tique. Ce *Prospectus* nous est inconnu.

Les *dixième* (pages 353 — 404) et *onzième* livraisons (pages 405 — 466) sont datées d'avril 1819.

Enfin la *douzième* (pages 467 — 521) et der- nière parut dans la première quinzaine de mai.

Ainsi, en comptant les *deux Prospectus* et l'*Essai n° II* de l'*Introduction*, ce qui a paru de cet ouvrage forme un volume de 606 pages. Il s'imprima d'abord chez J.-L. Scherff, pas- sage du Caire, n° 54, puis chez sa veuve, et, à partir de mars, chez Cosson, successeur de Bossange, rue Garancière, n° 5.

Le bureau du journal, après avoir été rue Saint-Hyacin- the-Saint-Honoré, n° 10, fut transféré rue Jean-Jacques Rousseau, hôtel Bullion. Le prix d'abonnement était de 7 francs pour six numéros, et de 12 francs pour douze nu- méros.

Des *six Essais* promis par Saint-Simon, il ne parut que les numéros I et II que nous avons mentionnés, mais il pu- blia des tirages à part des deux articles suivants :

— Le parti national ou industriel comparé au

Parti anti-national. Extrait de la dixième livraison du Politique (pages 353—367) ; Brochure de 15 pages in-8°, imprimée chez Cosson et publiée en avril 1819.

— Sur la querelle des abeilles et des frelons, ou sur la situation respective des producteurs et des consommateurs non producteurs. Extrait de la onzième livraison du Politique (pages 405—427); Brochure de 23 pages in-8°, imprimée chez Cosson et publiée en avril 1819.

Nous allons reproduire ces deux brochures.

LE

PARTI NATIONAL OU INDUSTRIEL

COMPARÉ

AU PARTI ANTI-NATIONAL

§ Ier

Composition des deux partis.

Le parti national se compose :

1° De ceux qui exécutent les travaux d'une utilité directe à la société ;

2° De ceux qui dirigent ces travaux ou dont les capitaux sont compromis dans les entreprises industrielles ;

3° De ceux qui concourent à la production par des travaux utiles aux producteurs.

Le parti anti-national est composé :

1° De ceux qui consomment et qui ne produisent point ;

2° De ceux dont les travaux ne sont point

utiles à la société et ne servent point aux producteurs ;

3° De tous ceux qui professent des principes politiques dont les applications nuisent à la production et tendent à priver les industriels du premier degré de considération sociale.

Une chose bien importante à remarquer, c'est que, depuis que les citoyens sont devenus égaux aux yeux de la loi, ce n'est point par le hasard de la naissance qu'ils se trouvent rangés dans l'un ou l'autre de ces partis, mais ce sont uniquement leurs occupations et leurs opinions qui déterminent celui des deux auquel ils appartiennent.

Ainsi, M. de Lafayette qui est cultivateur, M. de Larochefoucault-Liancourt qui est manufacturier, M. Le Voyer d'Argenson qui est maître de forges, appartiennent évidemment, à raison de leurs occupations ainsi que de la libéralité de leurs opinions, à la classe industrielle, tandis que MM. Barthélemy, Bellard et Pastoret, nés roturiers, se sont rangés dans le parti anti-national par l'effet de leur volonté.

§ II

De la moralité d'un de ces partis. — De l'immoralité du parti opposé.

Qu'est-ce qui est moral ? Qu'est-ce qui est im-

moral? C'est une question qui doit être résolue
avant de comparer la moralité des industriels à
celle des anti-industriels.

En politique comme en religion, les honnêtes
gens qui sont dévots et ceux qui ne le sont pas
reconnaissent que toute la morale dérive du grand
principe qui a été proclamé par Jésus-Christ:

*Aimez votre prochain comme vous-même;
faites pour les autres ce que vous désirez
que les autres fassent pour vous.*

Ainsi la question se réduit à savoir lesquels des
industriels ou des non industriels se conforment
le mieux dans leur conduite au principe qui sert
de base à la morale. Or, il est évident que la vie
entière des industriels est employée d'une manière utile à leur prochain, puisqu'ils consacrent
leur temps et leurs moyens à la production de ce
qui peut satisfaire les premiers besoins de la société et lui procurer des jouissances.

Il est également évident que la conduite de ceux
qui n'appartiennent point au parti industriel est
immorale, puisque ceux-là consomment et ne
produisent point; puisqu'ils vivent réellement
aux dépens des autres; puisqu'ils jouissent de
tous les avantages que les travaux des industriels
leur procurent, sans leur donner en échange rien

qui leur soit utile, rien qui leur soit agréable ; puisque enfin ils ne font pas pour leur prochain ce que leur prochain fait pour eux.

Le lecteur conclut donc forcément avec moi que le parti industriel tient une conduite morale, tandis que la conduite du parti anti-industriel est tout à fait immorale.

On peut se convaincre également de la supériorité des industriels sous le rapport de la moralité, en considérant les choses d'un autre point de vue.

Il est de fait que les propriétaires d'immeubles ont peu de crédit, tandis que les négociants, fabricants et autres industriels en ont beaucoup.

D'où vient cette différence ? De ce que les propriétaires industriels jouissent depuis longtemps de la réputation d'être plus exacts à remplir leurs engagements que les propriétaires non industriels.

Or c'est un devoir prescrit par la morale de payer ses dettes, puisque c'est agir à l'égard de son prochain de même qu'on désirerait qu'il se conduisît au nôtre, et en cela les industriels ont une conduite plus morale que les non industriels, puisqu'ils payent leurs dettes plus exactement.

III

De la richesse des deux partis.

Celui qui dépense tout son revenu, quelque considérable que soit sa fortune, ne doit pas être considéré comme riche, c'est celui qui ait des économies qui possède de véritables richesses : car la richesse de chacun consiste essentiellement dans son superflu, elle consiste dans les sommes dont il peut disposer.

En 1815, la Chambre des communes était presque exclusivement composée de propriétaires d'immeubles. L'État avait besoin d'argent, ces riches malaisés ne se sont point trouvés en mesure de venir à son secours, parce qu'ils n'avaient point d'économies dont ils pussent disposer. Il y a plus : leur revenu ne suffisant point aux dépenses qu'ils se croient obligés de faire pour soutenir dignement la noblesse de leur origine, ils ont eu l'ingénuité de demander à la nation de leur donner des capitaux à l'instant où elle était écrasée par les charges qu'elle avait à supporter.

Le Roi a sagement pris le parti de chasser les frelons et d'appeler les abeilles ; il s'est adressé à l'industrie pour se procurer les ressources dont il avait besoin.

Qu'est-il arrivé ?

Les producteurs, dont les capitaux sont cependant très-faibles en comparaison de ceux que possèdent les propriétaires d'immeubles, se sont empressés de fournir à l'État tout l'argent dont il avait besoin.

D'où je conclus que les véritables richesses se trouvent entre les mains des industriels, quoique les non industriels possèdent la plus grande partie des capitaux.

§ IV

De la capacité politique des deux partis.

Avant de comparer la capacité politique des deux partis, je dois répondre clairement à cette question :

Quel est aujourd'hui le premier degré de capacité en politique ?

Ma réponse est simple et facile.

Depuis que les hommes sont devenus égaux aux yeux de la loi, les droits politiques ne sont plus fondés que sur la possession de l'argent ou de choses qu'on peut se procurer avec de l'argent. Le plus grand, le plus important des pouvoirs confiés au gouvernement, est celui d'imposer les citoyens ; c'est de ce droit que découlent tous ceux qu'il possède. La science politique consiste donc essentiellement aujourd'hui à faire un bon budget.

Or, la capacité nécessaire pour faire un bon budget est la capacité administrative, d'où il résulte que la capacité administrative est la première capacité en politique.

Voyons maintenant quels sont, des propriétaires industriels ou des individus dont les capitaux ne sont pas engagés dans les entreprises industrielles, ceux qui ont besoin pour la gouverne de leurs affaires de plus de capacité administrative.

Il est évident que la capacité administrative est une capacité sans laquelle les industriels ne peuvent ni s'enrichir, ni même conserver leur fortune ; tandis que les propriétaires d'immeubles n'ont besoin que de ne pas dépenser au delà de leurs revenus pour conserver la leur, et d'économiser sur leurs revenus pour s'enrichir.

Il nous reste à examiner lesquels, des propriétaires industriels ou des propriétaires d'immeubles , ont le mieux administré leurs affaires privées [1].

Nous avons la preuve, comme je l'ai déjà dit dans le paragraphe précédent, que ce sont les propriétaires industriels, puisque ce sont eux qui sont venus au secours du Roi et qui lui ont procuré les sommes dont il avait besoin, tandis que les propriétaires d'immeubles le laissaient dans l'embarras.

Le lecteur conclura certainement avec moi que les propriétaires industriels sont supérieurs en capacité politique aux propriétaires d'immeubles, puisqu'ils leur sont supérieurs en capacité administrative. Ainsi la question qui était l'objet de mes recherches dans ce paragraphe se trouve résolue.

§ V

De la force des deux partis.

Dans le parti national ou industriel se trouvent compris :

1° Tous ceux qui cultivent la terre ainsi que ceux qui dirigent les travaux de la culture ;

1. Les propriétaires d'immeubles ne manqueront pas de

2° Les charrons, les maréchaux, les maçons, les serruriers, les menuisiers, les tisserands, les cordonniers, les tailleurs ; en un mot tous les artisans, tous les manufacturiers, tous les négociants, tous les entrepreneurs de transports par terre et par mer, ainsi que tous ceux dont les travaux servent directement ou indirectement à la production ou à l'utilisation des choses produites ;

Par conséquent tous les savants qui sont adonnés à l'étude des sciences positives appartiennent au parti industriel, car leurs découvertes contribuent puissamment à l'amélioration des procédés employés par les artisans, et elles donnent souvent naissance à de nouvelles productions ;

Les artistes doivent aussi être considérés comme des industriels, car ils sont producteurs sous beaucoup de rapports, et entre autres, par les dessins et les modèles qu'ils fournissent aux artisans, ils contribuent puissamment à la prospérité de nos manufactures ;

dire qu'ils furent dépouillés ; à cela, je leur réponds qu'ils ne l'ont été qu'une fois pendant que les propriétaires industriels l'ont été plusieurs ; ils le furent une première fois par le *maximum,* une seconde fois par le brûlement des marchandises anglaises, etc., etc.

Les avocats dont les sentiments sont libéraux et qui consacrent leurs talents à défendre les industriels contre les prétentions des ci-devant nobles et contre l'action arbitraire des fonctionnaires publics ;

Le petit nombre de prêtres qui prêchent la saine morale, c'est-à-dire l'obligation d'employer son temps et ses moyens à des travaux utiles ;

Enfin tous les citoyens (dans quelque position que le hasard de la naissance ou des circonstances les ait placés) qui emploient franchement leurs talents et leurs moyens à débarrasser les producteurs de l'injuste suprématie exercée sur eux par les consommateurs oisifs, font partie du grand corps des industriels.

Dans le parti anti-national figurent les nobles qui travaillent au rétablissement de l'ancien régime ; ceux des prêtres qui font consister la morale dans la crédulité aveugle aux décisions du pape et du clergé ; les propriétaires d'immeubles vivant noblement, c'est-à-dire à ne rien faire ;

Les juges qui soutiennent l'arbitraire, les militaires qui lui prêtent leur appui, et en un mot tous ceux qui s'opposent à l'établissement du régime le plus favorable à l'économie et à la liberté.

Voilà par aperçu les forces élémentaires et la manière dont elles se trouvent groupées, de façon à former deux partis distincts entièrement opposés.

Je ne saurais estimer d'une manière exacte la force de chacun de ces partis, mais je crois être certain de ne pas exagérer en disant que les industriels sont au moins cinquante fois plus nombreux que les partisans du système dans lequel les abeilles sont gouvernées par les frelons.

§ VI

Résumé.

La conduite des industriels est morale, celle des partisans de l'arbitraire est immorale ; ainsi le parti industriel a pour lui la force morale, qui est la première de toutes : il a aussi la force physique, puisqu'il est au moins cinquante fois plus nombreux que le parti des désœuvrés.

Ce parti possède aussi la force du raisonnement, puisque ceux qui cultivent les sciences positives (qui sont les meilleurs raisonneurs) sont de son côté.

Il a pour lui la force de l'imagination, puisque les artistes font partie des industriels.

Les industriels sont encore supérieurs en capacité politique à leurs adversaires.

Enfin les industriels ont pour eux la force pécuniaire, puisqu'ils possèdent plus d'argent disponible que les propriétaires d'immeubles qui ne sont point industriels.

Je passe au résumé des forces et des moyens du parti anti-industriel, c'est-à-dire du parti qui a pour objet de retenir les producteurs sous la domination des gens immoraux, qui considèrent la nation comme une collection d'hommes destinés par Dieu à leur procurer des jouissances.

Ce parti puise toute sa force dans les mauvaises habitudes contractées par le peuple sous l'ancien régime, dans la superstition, dans la vénalité des juges, dans la corruption des fonctionnaires publics, et dans le défaut de patriotisme des militaires qui se vouent au service du pouvoir sans examiner l'action qu'il exerce.

Je n'accompagnerai ce résultat de la comparaison que je viens d'esquisser d'aucune réflexion. Je me bornerai pour le moment à dire qu'une lutte entre deux partis aussi disproportionnés en force et en moyens est bien extraordinaire.

§ VII

Sur les articles qui feront suite à celui-ci.

J'ai conçu plusieurs articles se faisant suite. Celui-ci est le premier ; je vais faire connaître les autres.

Dans l'article suivant j'examinerai comment il a pu s'établir une lutte entre deux partis dont les forces et les moyens en tous genres sont aussi disproportionnés, et comment cette lutte peut se prolonger.

Dans le troisième je dirai par quel moyen on peut faire cesser complétement cette lutte, c'est-à-dire quelles sont les mesures à prendre pour organiser la Charte dans la direction de l'intérêt commun.

Dans un quatrième je discuterai les intérêts de la royauté, j'examinerai si elle doit combiner ses efforts avec le parti national ou avec celui des nobles. Si elle doit prolonger la lutte existante entre ces deux partis, ou si elle doit la terminer en faisant usage de toute son autorité pour organiser la société de la manière la plus avantageuse à la majorité des citoyens.

Dans un cinquième article je présenterai quelques observations sur la marche qui a été suivie par tous les ministères qui se sont succédé depuis le renversement de Buonaparte. Je ferai voir que le même esprit les a tous guidés, et que le système d'amalgame inventé et mis en pratique par Fouché est celui qui a été constamment suivi jusqu'à ce jour[1]. Je démontrerai enfin, 1° que la devise *divide ut regna* est celle qui a été adoptée par le ministère actuel ; 2° que la Charte ne pourra être organisée qu'à l'époque où le ministère aura pris une direction franchement nationale, c'est-à-dire la plus favorable aux industriels et la plus directement opposée aux prétentions des nobles et des autres despotes qui

1. Beaucoup de libéraux me blâmeront d'attaquer le ministère à l'instant où sa conduite paraît n'avoir rien de répréhensible. A cela, je leur réponds que je les trouve trop indulgents, car la grande affaire politique est le budget, et celui de cette année n'est pas plus libéral que ceux des années précédentes.

La récolte de miel faite cette année par les abeilles est prodiguée aux frelons avec autant de profusion, par M. le baron Louis, que la récolte de l'année dernière l'avait été par M. le comte Corvetto.

Il me paraît, décidément, que la science de M. le baron Louis, en finance, se réduit à savoir procurer au gouvernement tout l'argent qu'il désire.

Je lui croyais, quand il est entré au ministère, l'intention de faire des applications plus libérales de ses connaissances en économie politique.

prétendent gouverner la nation, dont l'unique désir et le seul besoin est d'avoir un parlement qui administre économiquement ses affaires.

Dans un sixième et dernier article je prouverai qu'il n'existe qu'un seul moyen de terminer la crise politique dans laquelle la société se trouve engagée, que ce moyen consiste à élever la politique au rang des sciences positives.

Voilà dans ce moment quel est mon plan de travail : je m'empresse de communiquer ma pensée au lecteur, parce que mon intention est d'en agir avec toute franchise à son égard ; mais je déclare que je n'entends aucunement me lier vis-à-vis de lui ; que je me réserve très-positivement le droit de faire à ce projet tous les changements qui me paraitront utiles, et de le modifier d'après les idées nouvelles qui pourront me venir pendant le cours de son exécution.

SUR LA QUERELLE

DES ABEILLES ET DES FRELONS

ou

SUR LA SITUATION RESPECTIVE DES PRODUCTEURS

ET DES CONSOMMATEURS NON PRODUCTEURS.

DEUXIÈME ARTICLE.

---

§ Ier

Conclusion de ce que j'ai dit dans l'article précédent.

J'ai établi dans mon premier article que le parti des producteurs était supérieur à celui de ses adversaires sous le rapport du nombre, sous celui de la moralité, de la capacité en raisonnement et en imagination ; j'ai prouvé qu'il lui était également supérieur en capacité politique.

Je n'ai accompagné ces faits d'aucune réflexion, je n'en ai tiré aucune conséquence ; j'ai cru devoir les livrer à l'examen et à la méditation du lecteur avant d'en rien conclure.

Je vais maintenant présenter ma conclusion, qui, pour s'être fait attendre, n'en sera que mieux appréciée.

Je conclus donc que le parti des producteurs possédant presque exclusivement toutes les forces élémentaires et positives qui peuvent agir sur la société, il se trouve dans la réalité investi de la principale puissance politique, et qu'il est par conséquent le maitre de donner à la Charte l'organisation qu'il préfère, celle qui peut satisfaire le plus complétement ses besoins et ses désirs.

Avant d'aller plus loin je crois devoir répondre à une objection qui a, jusqu'à ce jour, produit l'effet attribué à la tête de Méduse sur tous ceux à qui elle a été présentée.

On me dira : le parlement est investi du droit de faire la loi, et il est composé, pour la très-majeure partie, de nobles, de propriétaires vivant noblement, de fonctionnaires publics, etc., en un mot de personnes qui ne sont point attachées à 'industrie, qui ont des intérêts distincts des siens, opposés aux siens, et qui veulent maintenir la suprématie politique qu'ils ont exercée sur les producteurs jusqu'à présent.

Entreprendre d'organiser la Charte dans l'intérêt national, c'est-à-dire dans l'intérêt des producteurs, c'est entrer en insurrection, c'est s'exposer à la vindicte des lois, qui ont eu jusqu'ici pour objet de retenir les producteurs sous le joug des nobles et de ceux qui vivent noblement.

A cela je réponds : Il existe dans tous les pays une force supérieure à celle des gouvernements, c'est celle de l'opinion publique.

Tout homme qui prendra la peine d'y réfléchir restera convaincu que le parlement n'entreprendrait point de s'opposer aux mesures politiques qui seraient désirées par une majorité bien prononcée des industriels ; il restera convaincu que les mesures désirées par ceux-ci seraient nécessairement adoptées par lui, quelque opposées qu'elles se trouvassent à ses désirs.

La principale difficulté ne se trouve donc pas consister dans la composition vicieuse du parlement, elle provient essentiellement du peu d'énergie politique des producteurs, de leur défaut d'ensemble et du manque de clarté dans leurs idées.

§ II

Objet de ce second article.

L'objet de ce second article est d'expliquer comment il est possible qu'il existe une lutte entre les producteurs et les non producteurs, et comment il peut se faire que cette lutte se prolonge, les producteurs ayant sur les non producteurs une supériorité décidée en forces physiques et en forces morales.

Voici en peu de mots l'explication de ce fait extraordinaire :

Les nobles, les propriétaires vivant noblement, le haut clergé, la haute magistrature, les militaires dans les grades élevés, s'occupent beaucoup des affaires publiques, c'est-à-dire de la politique.

Les industriels exécutants et les industriels dirigeants, les artistes et les savants s'en occupent fort peu.

Les premiers ont fort peu de pouvoir, mais ils ont beaucoup de vouloir ; les seconds possèdent une puissance politique énorme, mais ils n'éprouvent encore aucunement le sentiment de leur force.

Les premiers ont un but fixe, des idées arrêtées et liées sur les mesures qui peuvent assurer leur domination.

Les seconds n'ont pas encore conçu d'une manière nette le plan de conduite qu'ils doivent tenir pour se débarrasser de la domination des autres.

Or les nobles et leurs partisans étant, ainsi que je viens de le dire, très-actifs en politique, et formant un parti organisé, tandis que les industriels sont passifs sous ce rapport et sans organisation, il doit résulter, et il résulte en effet, que les travailleurs, que les producteurs de choses utiles, quoique très-supérieurs en forces physiques et morales au parti des nobles, continuent à rester sous sa domination.

Voilà la manière dont j'explique le phénomène extraordinaire de la lutte existante entre deux partis, dont l'un est véritablement un géant, tandis que l'autre n'est réellement qu'un pigmée.

§ III

Quelques observations sur la conduite politique des industriels depuis 1789.

On ne manquera pas de me dire :

« La plupart des prêtres et des nobles ont

« émigré ; presque tous les fonctionnaires publics
« attachés à l'ancien gouvernement ont été des-
« titués ; les partisans de l'ancien régime ont
« cessé d'administrer les affaires publiques, ils
« ont été poursuivis, persécutés pendant vingt
« années consécutives ; ainsi les producteurs se
« sont nécessairement trouvés investis des pou-
« voirs politiques ; ils ont pu par conséquent
« donner à la société l'organisation qu'ils ont
« voulu ;

« Or les désordres qui ont eu lieu à cette
« époque, les crimes publics qui ont été commis,
« l'anarchie qui s'est établie et le despotisme
« qui s'en est suivi sont la preuve de l'incapacité
« politique des industriels, que vous nous pré-
« sentez comme les seuls capables de bien admi-
« nistrer les affaires nationales. »

Je réponds :

Depuis les premières années de la révolution
jusqu'à l'époque du dernier départ des étrangers,
la France n'a pas cessé d'être en guerre, et la
guerre qu'elle a eu à soutenir pour conquérir son
indépendance fut si terrible qu'elle est devenue
l'objet auquel tous les autres ont été sacrifiés, et
qu'elle a dévoré tous les moyens des producteurs.

Dans un pareil état de choses le gouvernement a nécessairement été .investi de pouvoirs illimités, et la direction des affaires s'est forcément trouvée entre les mains des militaires.

Armer, nourrir, vêtir des soldats, enrichir des généraux et des fournisseurs, voilà la manière dont les produits des travaux des industriels ont été employés ; en un mot la nation n'a pu avoir pendant cette longue et terrible époque qu'un gouvernement militaire.

Or le gouvernement militaire étant celui de tous qui est le plus opposé aux besoins et aux goûts des producteurs, il est tout à fait injuste et faux de les considérer comme ayant administré les affaires publiques pendant le cours de la révolution. Jamais au contraire l'arbitraire n'a pesé sur eux d'une manière plus forte et plus directe, jamais ils n'ont été autant gouvernés, jamais leurs réclamations n'ont été moins écoutées du gouvernement.

La loi du plus fort (la seule qui soit connue des militaires) est celle qui a gouverné la France presque exclusivement pendant le cours de la révolution. La loi de l'intérêt commun a bien été réclamée par le gouvernement à l'égard des producteurs , mais cela a été uniquement dans l'intention de les dépouiller. *Le maximum, les réquisitions, le brûlement des marchandises anglaises, le monopole du commerce des denrées coloniales exercé par le gouvernement,* sont des inventions qui ont été dues au génie des gouvernements révolutionnaires, et mises à exécution par Robespierre et par Bonaparte.

C'est, me dira-t-on, le pouvoir exécutif qui s'est trouvé dans la main des militaires ; mais le pouvoir législatif n'a pas été sans influence, et les militaires ne se sont jamais trouvés en majorité dans la chambre des représentants.

A cela je réponds : Quelques cultivateurs, quelques manufacturiers, quelques négociants, ainsi que plusieurs artistes et plusieurs savants ont effectivement été nommés députés pendant le cours de la révolution, mais ils n'ont jamais formé qu'une minorité extrêmement faible dans la chambre, dont la très-grande majorité a été constamment composée de légistes.

Or, les opinions politiques des jurisconsultes sont nécessairement anti-industrielles puisqu'elles sont inévitablement déduites, pour la plus grande partie, du droit romain, des ordonnances de nos rois, des coutumes féodales, en un mot de toute la législation qui a précédé la révolution, laquelle est l'objet de leurs études et de leurs méditations.

Il est donc résulté, du fait que les pouvoirs politiques ont été confiés pendant le cours de la révolution aux militaires et aux légistes, que les lois faites à cette époque ont été déduites de deux espèces de principes despotiques, les uns anciens, les autres nouveaux, et que ces lois ont été par conséquent contraires aux intérêts des industriels et défavorables à la production.

§ IV

Ce qui est arrivé aux industriels depuis la Restauration.

J'examinerai dans ce paragraphe la situation politique des producteurs depuis la Restauration.

Le Roi a débuté, lors de sa première rentrée, par reconnaître que le régime sous lequel vivait la nation avant la révolution ne valait rien, puisqu'il a donné une Charte. Le ministère s'est empressé de représenter au Roi qu'il n'était pas possible dans les circonstances où on se trouvait de mettre cette Charte à exécution ; il a demandé au parlement des lois d'exception ; il les a obtenues, et il s'est trouvé investi d'un pouvoir discrétionnaire. Voyons l'usage qu'il a fait de l'espèce de dictature qui lui avait été confiée.

Il a été le maître de choisir entre quatre partis différents.

Premier des partis que le ministère a pu prendre.

Il a pu établir l'ordre de choses le plus avantageux aux producteurs en employant le produit de l'impôt d'une manière utile à la nation, en introduisant l'économie dans l'administration des dépenses publiques, en licenciant tous ceux qui avaient administré jusqu'à cette époque ; en retirant, en un mot, les pouvoirs politiques des mains des consommateurs inutiles pour les confier aux producteurs.

Deuxième parti.

Il a pu signifier aux nobles, aux propriétaires oisifs, et aux descendants de ceux qui avaient occupé des places sous l'ancien régime, qu'il leur fallait renoncer entièrement à l'espoir de vivre de nouveau aux dépens du public : par ce moyen il aurait débarrassé la nation de la moitié

de la charge administrative qu'elle supporte,
c'est-à-dire de toute l'ancienne administration.

Troisième parti.

Il a pu donner à titre d'indemnité les sommes
que les moyens de la nation permettaient d'employer à cette destination aux militaires devenus
inutiles et à tous les employés de l'immense administration que Bonaparte avait établie ; après
avoir rempli à leur égard ce préalable indispensable, il a pu leur déclarer que la carrière militaire ou administrative était terminée pour eux,
et qu'ils devaient chercher d'autres occupations
et se procurer de nouveaux moyens d'existence :
par cette mesure administrative il aurait débarrassé la nation d'une moitié de la charge qu'elle
supporte.

Quatrième parti.

Enfin il a pu prendre un quatrième parti, celui
de conserver à la charge de la nation les deux
armées qui avaient combattu l'une contre l'autre
pendant la révolution, celui de reconnaître les
droits des descendants de ces deux classes de

militaires pour entrer au service en qualité d'officiers ; il a pu accueillir les réclamations des deux classes d'administrateurs qui avaient été employées l'une sous l'ancien régime, l'autre sous le gouvernement de Bonaparte ; il a pu alimenter leur ambition et leur avidité en leur promettant d'opérer leur replacement.

C'est ce quatrième parti qu'il a pris, c'est-à-dire le ministère a pu débarrasser complétement la nation des deux bâts qu'elle avait portés, l'un avant la révolution, l'autre sous le despotisme de Bonaparte ; il a pu lui ôter l'ancien bât en lui laissant le nouveau ; il a pu lui ôter le nouveau en lui remettant l'ancien, ou enfin lui faire porter les deux bâts, et c'est ce quatrième parti auquel il a donné la préférence.

Réflexion sur ce que je viens de dire.

La marche que le ministère a suivie depuis la Restauration jusqu'à l'époque très-récente de la crise qui a été déterminée par la proposition de M. Barthélemy pourrait être présentée de manière à la faire trouver très-plaisante, si on pouvait rire de mesures qui ont pour résultat d'écraser d'impôts une nation qui avait fait d'énormes sacrifices pour se débarrasser des vices et de la prodigalité de l'administration qui était chargée de ses affaires.

Dès l'instant que le Roi est rentré, les anciens nobles, les prêtres, les descendants de ceux qui avaient été employés sous l'ancien régime ont prétendu qu'ils avaient droit à des places dans le gouvernement, et qu'ils devaient vivre du produit de l'impôt. Leurs prétentions ont été accueillies par le ministère, qui s'est empressé de les inscrire comme postulants ayant des droits, quand il n'a pas pu leur donner d'emploi sur-le-champ. Il a même poussé la complaisance pour eux jusqu'au point de leur donner des gratifications et des secours pour qu'ils ne soient pas obligés de chercher dans le monde un autre état que celui de gouverner les producteurs.

Les nouveaux nobles, les militaires qui ont servi pendant la révolution, les personnes que Bonaparte avait employées dans l'administration colossale qu'il avait établie ont prétendu également qu'ils devaient continuer à vivre aux dépens de la nation. Leurs prétentions n'ont point été rejetées ; le ministère s'est borné à leur observer que leur droit de faire travailler le peuple français pour les nourrir et pour satisfaire leurs jouissances n'était pas exclusif, que tous ceux qui avaient rempli des fonctions publiques à une époque quelconque le partageaient avec eux ; qu'il était de leur intérêt de vivre en bonne intelligence avec les autres sangsues de la nation, et qu'ils devaient partager fraternellement ensemble l'espèce de butin que les gouvernants faisaient tous les ans sur les gouvernés.

De manière que le ministère a admis en principe que les producteurs devaient supporter la charge de deux systèmes de gouvernement excessivement onéreux l'un et l'autre.

Pour fournir à la subsistance de ces deux classes de frelons, le ministère demande aux Chambres et obtient d'elles, par l'influence qu'il exerce sur la Chambre des communes, des impôts énormes, qui paralysent l'industrie en lui enlevant ses capitaux.

Ce qu'il y a de très-remarquable dans cette allure politique du ministère, c'est qu'au moyen du plan de conduite qu'il a adopté et que je viens d'esquisser, l'art de gouverner est devenu dans ses mains la chose du monde la plus simple et la plus facile ; il se réduit à donner la plus forte portion du miel prélevé sur les abeilles à celle des deux grandes classes de frelons qui sert les vues du gouvernement avec le plus de zèle et de dévouement. Et, en effet, depuis l'origine de la Restauration, le ministère a réduit les hautes fonctions politiques qui lui sont confiées à cette opération. Sur cinq places qu'il a eues à donner, il en a accordé tantôt trois aux *ultrà* et deux aux bonapartistes, et d'autres fois deux seulement aux *ultrà* et trois aux bonapartistes.

Ces deux partis de parasites ont déjà eu plusieurs fois le dessus à l'égard l'un de l'autre.

Voyons maintenant quelle a été la conduite des producteurs depuis la Restauration.

Elle est connue de tout le monde et les industriels ne peuvent pas la dissimuler. Un très-petit nombre d'eux excepté, ils n'ont montré aucune énergie politique; c'est seulement depuis l'événement tout récent de la proposition de M. Barthélemy qu'ils ont déclaré clairement que leur destination dans la société ne leur paraissait pas devoir se borner uniquement à celle d'être gouvernés. On est forcé de reconnaître que jusqu'à cet instant ils n'ont pris aucune mesure d'où soit résultée la preuve qu'ils avaient conscience de leurs droits politiques. Ils ont payé les impôts énormes qui ont été prélevés sur eux, et qui ont été employés presque en totalité (comme je viens de le dire) à payer des gouvernants inutiles, sans prendre aucun des moyens légaux qui étaient à leur disposition pour opposer une digue au torrent dévastateur du pouvoir discrétionnaire ; ils ont rempli tous les emprunts qui ont été ouverts sans faire aucune représentation au Roi sur la dilapidation scandaleuse du revenu public. Leur timidité a été telle qu'ils n'ont pas osé lui dire ce qu'ils pensent tous, c'est que l'administration des affaires de la nation lui coûte beaucoup plus qu'il n'est nécessaire ; c'est que l'argent destiné aux différentes parties du service public est employé à payer des états-majors civils et militaires qui, pour leur nombre et le prix de leurs appointements, pourraient être réduits à un dixième de ce qu'ils sont aujourd'hui. Les industriels, en un mot, ont commis la faute de ne point imposer de condition au gouvernement quand ils lui ont prêté leur argent.

Enfin, depuis la Restauration jusqu'à l'époque toute récente de la proposition de M. Barthélemy, les industriels se sont bornés à se lamenter comme des femmes ; ils se sont plaints de ce que le commerce était mort, de ce que les fabriques n'étaient pas occupées, mais ils n'ont point usé du moyen légal qui était à leur disposition, celui de présenter au parlement des pétitions pour lui indiquer le remède à leurs maux.

Si tous les industriels de France avaient signé à l'instant de la première rentrée du Roi une pétition ne contenant que ce peu de mots : *Sire, nous sommes les abeilles, débarrassez-vous des frelons*, la mesure politique qu'il faudra finir par adopter serait effectuée depuis longtemps ; le commerce prospérerait, les produits de la culture seraient considérablement augmentés, les fabriques de tous genres seraient en activité, les riches ne s'ennuieraient plus, parce qu'ils ne seraient plus désœuvrés, et le Roi jouirait de la satisfaction de voir les Français heureux.

V

Ce que les industriels ont fait depuis la proposition
de M. Barthélemy.

Je donnerai dans ce cinquième paragraphe un premier coup d'œil à la crise heureuse qui a été déterminée par la proposition de M. Barthélemy.

La loi sur les élections n'avait fait qu'une très-médiocre sensation. Les industriels n'en avaient que faiblement apprécié l'utilité ; son importance n'avait été sentie ni par eux, à qui elle était éminemment favorable, ni par le ministère qui l'avait proposée. Elle n'avait été ʻconçue par le gouvernement que comme une loi de circonstance ; il avait voulu se procurer de l'argent, faciliter ses emprunts, et il n'avait pas jugé les conséquences du moyen qu'il employait pour atteindre ce but. Il n'avait point imaginé que cette mesure anéantirait complétement l'ancien système politique, fondé sur la loi du plus fort, et qu'elle commencerait l'organisation du nouveau, basé sur la loi de l'intérêt commun ; il ne s'était pas aperçu que cette mesure, à l'instant où elle fixerait l'attention, dévoilerait aux nobles et aux propriétaires oisifs toute leur faiblesse politique, et ouvrirait les yeux des propriétaires industriels.

Il a fallu que M. Barthélemy, foulant aux pieds sa dignité de roturier et se faisant l'instrument de la classe avilie des nobles et des hommes vivant noblement, tînt à la tribune le discours dans lequel se trouve le passage suivant, pour que la nation ouvrît les yeux sur sa situation politique ; pour que les partisans de l'ancien régime s'aperçussent de la faiblesse de leur parti et de la force de leurs adversaires ; pour que le gouvernement sentit l'immoralité de sa conduite ; pour que les prêtres et les nobles fussent forcés de reconnaître qu'en politique ils agissaient toujours d'une manière contraire au principe : *Faire pour son prochain ce qu'on désire qu'il fasse pour soi*, tandis que les industriels avaient inscrit cette devise morale sur leur bannière.

Voici ce passage du discours de M. Barthélemy que les publicistes ne sauraient remettre trop souvent sous les yeux de la nation :

« Dans tous les temps et dans tous les pays, « les possesseurs des maisons et des terres, les « propriétaires sont la force réelle des nations; « ce sont eux qui sont les gardiens des mœurs et « des institutions : aussi, en leur confiant les « droits politiques, les législateurs n'ont point « cru blesser la justice naturelle, parce que la « civilisation rend la propriété toujours accessible « aux efforts persévérants de l'homme indus- « trieux, et qu'elle est la récompense assurée « du travail et de l'économie.

« L'introduction illégitime dans le corps élec- « toral d'hommes sans fortune (des patentés), et « que l'intrigue ou la corruption y peuvent ame- « ner, est une véritable injustice envers les pro- « priétaires dont elle usurpe les droits. »

En posant la question de cette manière, en plaçant en regard les droits politiques des propriétaires industriels et ceux des propriétaires vivant noblement, M. Barthélemy a produit sur la France, sur l'Europe, sur tous les peuples civilisés, un effet en quelque façon magique. Jusqu'à ce jour, partout les industriels avaient eu pour chefs de file dans la carrière politique des nobles, des légistes ou des militaires; de ce moment leur aveuglement a cessé, ils ont senti que c'était de leur part une véritable absurdité de prendre pour guides des hommes dont les intérêts étaient diamétralement opposés aux leurs. Ils ont commencé à sentir, à penser par eux-mêmes; de toutes les extrémités de la France sont arrivées des pétitions qui ont eu pour objet de proclamer le grand principe politique.

« Les producteurs, c'est-à-dire les proprié-
« taires industriels, sont la force réelle des na-
« tions, ce sont eux qui sont les gardiens des
« mœurs et des institutions : aussi, en leur con-
« fiant les droits politiques, les législateurs sont
« certains de ne pas blesser la justice naturelle;
« puisque dans la société tout se fait par l'indus-
« trie, tout doit y être fait pour elle. »

La pétition de Bordeaux, rédigée par un homme

évidemment inspiré par le génie de la liberté, et présentée à la Chambre par M. Laffitte, a produit l'effet que le bonhomme Charron attribue à la vérité, qui, a-t-il dit, *est la massue qui tôt le monde occit et tue*.

En un mot, le commerce de Bordeaux a terminé la discussion, il a rendu les prétentions des nobles au grand et au petit pied ridicules et méprisables par sa réponse éloquente à la proposition de M. Barthélemy.

Il a dit : « Fonder la représentation nationale « sur le grand impôt territorial, priver indirecte- « ment le commerce et l'industrie de leurs droits « incontestables, sacrifier l'élément actif qui « anime la société entière à la matière inerte, à la « terre qui le supporte, c'est matérialiser la po- « litique, c'est anéantir les droits des citoyens, « c'est ôter aux Français toute représentation ; « la terre seule, et cette terre féodale où sont « encore empreintes les traces de la superstition « et de l'anarchie, serait la puissance repré- « sentée, etc. »

Nous donnerons dans la prochaine livraison la liste entière des signataires de cette mémorable pétition : des hommes qui sentent aussi profondément les droits politiques des produc-

teurs méritent d'être connus de tous les industriels du globe.

J'espère que le premier effort généreux qu'ils
viennent de faire sera suivi de ceux qui pourront
être encore nécessaires pour débarrasser complétement les producteurs du joug des nobles et
des hommes vivant noblement.

§ VI.

Considérations générales.

Pouvoir, *vouloir* et *savoir* sont trois conditions qui doivent être remplies pour réussir dans
une entreprise quelconque.

Cela est également vrai dans le cas où l'entreprise est faite par une seule personne ou par
plusieurs, ainsi que dans ceux où l'entreprise
concerne une petite société ou une société très-
nombreuse ; une société privée ou une société politique ; une nation ou l'espèce humaine tout entière.

Depuis longtemps les producteurs ont toute la
puissance nécessaire pour établir l'ordre social
qui peut leur être le plus avantageux, puisque
depuis l'époque où l'industrie a acquis un certain
développement ils ont sur les consommateurs
non producteurs une supériorité de force très-

prononcée sous tous les rapports physiques et moraux.

Cependant ils n'ont été jusqu'à ce jour que des instruments dans les mains des gouvernants, que des vaches à lait pour les nobles, pour les militaires, et pour les légistes, quoiqu'ils leur soient très-supérieurs en puissance.

La première raison du fait extraordinaire que les producteurs sont gouvernés par un parti qui leur est inférieur sous tous les rapports physiques et moraux est que jusqu'à ce jour ils n'ont pas eu la *volonté* de constituer l'ordre de choses qui leur convenait le mieux.

Il y a une seconde raison, c'est que le *savoir* leur a manqué; je dirai plus, il leur manque encore dans ce moment.

Si on me demande quel est le savoir politique qui manque aux industriels et dont ils ont besoin pour atteindre leur but, je répondrai : c'est d'abord l'idée claire du système politique qui leur convient ; c'est ensuite la connaissance du moyen d'unir leurs efforts contre le parti des nobles.

Les négociants de presque toutes nos villes de commerce, ceux de Bordeaux surtout, viennent de déclarer d'une manière très-énergique le droit

16

qu'ils ont à concourir à l'organisation de la Charte, et c'est certainement un premier pas très-important ; mais les négociants ne sont qu'une des classes des producteurs, il faut que les cultivateurs, que les artistes, que les savants s'unissent à eux ; il faut que tous les producteurs réunis expriment clairement ce qu'ils veulent.

Dans mon troisième article je dirai par quel moyen les producteurs de toutes les classes peuvent s'unir, par quel moyen ils peuvent atteindre le but politique qu'ils doivent se proposer ; but vers lequel ils doivent tendre avec toute l'ardeur et toute l'énergie dont ils sont capables, puisqu'il consiste à organiser la Charte de la manière la plus avantageuse pour le Roi et pour la nation.

Paris, imp. Paul Dupont, rue J.-J.-Rousseau, 41.